# 夫婦・カップルのためのアサーション

## 自分もパートナーも大切にする自己表現

野末武義［著］

金子書房

# 巻頭言――『夫婦・カップルのためのアサーション』の刊行に寄せて

統合的心理療法研究所所長　平木典子

ともに支え合って暮らそうと決めた私たちなのに、どうしてこんなにコミュニケーションがうまくいかないのだろう……？

みなさんは、そんな疑問に直面したことはありませんか？

本書は、夫婦やカップルが必ず出会うこのような問題について、日常的な夫婦関係とコミュニケーションの視点からその現実と取り組み方を伝えてくれる案内書です。

著者の野末さんは、家族関係のカウンセリングとアサーションという自己表現の支援を行ってきた、家族とコミュニケーションについての専門家であり、とりわけ夫婦・カップル・セラピーには長年の研究と実践をもつベテランの臨床家です。読んでいて何よりもうれしいのは、著者の経験をもとにした多数の日常的な例を活用しながら、夫婦関係とコミュニケーションをつないで整理し、説明してくれるところです。

本書では、カップル・ダンスというたとえをとりあげて夫婦・カップル関係の特徴を説明してくれます。そこから私がイメージしたのは、パートナー関係とはなかなか複雑で厄介なものだということです。

ダンスとは、音楽とリズムに合わせて、寄り添って相手とともに動くことです。たとえば相手が右足を出したら自分は左足を引っ込める必要があるでしょうか。少なくとも、自分の左足を出すと二人の足はぶつかってしまうでしょう。逆に、自分のほうから左足を引っ込めたら、相手は右足を出してくれるかどうか……。巧妙な呼吸合わせが必要に思えます。また、いつも動きの主導権を一方がとると決まっていれば、他方はそれに合わせることになりますので、呼吸を合わせることはそれほど大きな問題ではないかもしれません。

ところが、長い年月をともに過ごすカップルにとって、固定した役割を取り続けることは退屈です。それに加えて、ダンスの音楽とリズムは、生活する人々にとっていわば社会の動きと時代の流れですから、いつも自分たちの好みの音楽とリズムが鳴ってくれるとはかぎりません。おそらくカップルには多くの音楽と多様なリズムが聞こえてくるでしょう。その種類と変化に合わせて、カップルは慣れ親しんだステップも変えなければならず、変えようとすると相手の足を踏んだり、組んでいた手や腕が離れてしまったりすることもあるでしょう。そんなとき、もめ事や問題が生じます。「ちょっと待って」と立ち止まって、二人は変化した音楽とリズムに合わせてステップを変えるのか、それとも変えないのか、話し合う必要が出てくるのだと思われます。

本書で野末さんは、さまざまなカップルがどのようにして音楽やリズムと相手に合ったダンスをしてきたか、音楽やリズムが変わったとき二人はステップを変えるためにどのように苦心するのか、そして二人で苦心して解決する方法、つまりコミュニケーションのしかたを身につければ、どのように柔軟に対応できるようになるのかについて伝えてくれます。

地球規模の変化と不確実な今を生きる現代の夫婦・カップルにとって、本書に出てくる多くのカップルの経験や相談から得られるヒントは、互いを支え合い、自分たちに合った生き方を選ぶための大きな助けとなるでしょう。

夫婦の行き詰まりを解決し、より親密で充実した関係をつくりたいと願うカップルはもちろん、結婚を考えているカップルにも一読をお勧めします。

二〇一五年七月

# はじめに

数年前、ある講演会で夫婦（カップル）のコミュニケーションについてお話をしたのですが、終了後に二十代後半の独身女性の参加者が次のようなことを話してくれました。

「私の両親は結婚して二十年近くなりますが、いまだにお正月になるとお雑煮に入れるお餅は四角か丸かということで夫婦げんかをします。私としてはどちらでもよいのですが、二人にとっては大問題のようです。そのほかにも、私が小さな頃から些細なことで言い合いをしたり、しばらく口をきかなくなったり。そうかと思うと、たまには仲のよい夫婦に見えることもあります。二人は大恋愛の末に結婚したらしいのですが、今の両親を見ているとまったく想像がつきません。それだけでなく、最近は自分が将来結婚したいという気持ちもだんだんなくなってきました。愛し合って結婚したはずの二人なのに、どうして夫婦ってああなっちゃうんですか？」

「夫婦げんかは犬も食わぬ」といいますが、この女性の両親がお餅の形をめぐってけんかをするというのは、端から見ればバカらしいことかもしれません。しかし、当人たちにとっては、もしかしたらそのお餅の形には、母親や祖母が作ってくれたお雑煮のおいしさ、お正月の家族団らんの思い出、さらにはその家族の文化や歴史など、それぞれの人生と深くつながったものが込められているのかもしれません。お餅は、単なる食べ物ではないのです。

では、このような場合、夫婦はどうやって解決したらよいのでしょうか。

たとえば、一つのお椀の中に四角の餅と丸の餅を両方入れる、一年ごとに四角の餅と丸の餅を交互に入れる、四角のお餅のお椀と丸のお餅のお椀を別々にする（ただし、子どもがいる場合、子どものお椀に入れるお餅はどうするかという別の問題もありますが）、お雑煮はそれぞれの実家に帰ったときにだけ食べるようにする、毎年じゃんけんで決める、そのほかにもいろいろな解決法があるでしょう。しかし、その解決法は誰かが決めてくれるわけではなくて、二人で話し合ってお互いに納得できることが最も重要です。ところが、私たちは人間関係の中で葛藤が生じたときの話し合いの仕方を十分身につけて大人になるわけでもありませんし、結婚するわけでもありません。いつもパートナーに合わせてばかりでは不満が募るでしょうし、反対に、自分の思うようにばかり進めていると、自分は満足するかもしれませんが、パートナーの愛情は冷めていくかもしれません。

結婚式の誓いの中に、「健やかなるときも病めるときも」という言葉があります。もう少し現実に即してこの誓いを言い換えれば、「二人の関係がよいときもあれば、そうでないときもある」ということでしょう。そして、結婚当初は、この誓いのように二人で力を合わせてがんばっていこうと思ったにもかかわらず、時間が経つにつれてそのことは忘れられ、二人の間に葛藤や問題が生じると、解決できないことのように思えたり、二人の関係を解消するしか道はないように思えたりするかもしれません。二人の間で葛藤や問題が生じたとき、それが小さなものであれ大きなものであれ、お互いに対する愛情や情熱だけでは乗り越えることは困難です。ましてや、お金さえあれば夫婦は幸せに暮らしていけるというような単純なものでもありません。では、何が必要なのか。自分のことをよく理解できていること、パートナーのことも理解できていること、そして建設的なコミュニケーションができることが重要です。

筆者は、日本・精神技術研究所（東京都千代田区）でアサーション・トレーニング認定トレーナーの資格を取得し、一般市民や企業、さらにはカウンセラーや看護師などの対人援助職を対象として二十年以上トレーニングを行ってきました。また、臨床心理士、家族心理士として、さまざまな葛藤や悩みを抱えた夫婦（カップル）を対象としたカップル・セラピーを約二十五年間実践してきました。カップル・セラピーに持ち込まれる問題は、仕事と家庭の両立の問題、家事の分担の問題、子育てに対する意見の違い、実家とのつきあい方、浮気、セックスレスなどさまざまですが、そのほとんどがどこの夫婦（カップル）でも起こりうる葛藤や悩みです。

そこで本書では、夫婦（カップル）の関係や問題をどのように理解するかについて、カップル・セラピーや家族心理学の立場からわかりやすく解説することを試みました。恐らく読み進めていくうちに、「自分たち夫婦の特殊な問題」とか「うちの夫（妻）はおかしい」と思っていたことの多くが、意外にもよくあることだとわかるかもしれません。

また、夫婦（カップル）の葛藤や問題を解決するには、何よりも二人のコミュニケーションが重要です。それは多くの人が同意できることだと思いますが、では、実際にどうしたらよいのかとなると、答えに窮してしまうのではないでしょうか。そこで大切になるのが、本書でとりあげるアサーション、すなわち「自分も相手も大切にする自己表現」なのです。本書を通して、読者のみなさんが自分とパートナーとの関係を見つめ直し、より親密なコミュニケーションができるようになることを願っております。

ところで、本書は基本的には結婚している夫婦を念頭に書かれていますが、これから結婚や再婚を考えているカップルにとっても、自分たちの関係や結婚についての考え方を見つめ直すうえで役に立つと思います。結婚前のカップルと結婚後の夫婦とでは、直面させられる問題や葛藤に違いはありますが共通点も多く、コミュニケーションの重要さは変わりありません。また、結婚についての理想をもつことも重要ですが、現実的に起こりうることをあらかじめ知っておき心の準備をしておくことで、葛藤や問題が生じたときにより冷静に対処することができます。したがって、これから結婚や再婚を考えている人たちには、より幸せな結婚生活のための心の準備として役立てていただければと思います。

また、本書を読み進めていくうえで、心にとめておいてほしいことがあります。それは、パートナーの問題を分析し、パートナーを変えようという気持ちで読まないでいただきたいということです。パートナーとの関係に困っているとき、アサーションにかぎらずカウンセリングや心理学関係の本を読んだり講座を受講したりした人が、自分から見たパートナーの問題ばかりに焦点をあて、パートナーを自分の思うとおりに変えようとして、かえって関係を悪化させることがときに起こります。そうではなくて、まず自己理解を深めること、そして、パートナーの気持ちや考え方を、パートナーの立場にも立って理解しようとすること、さらに、二人の間で起こっていることを相互影響関係の視点からよく理解することが大切です。そのうえで、まず自分自身で小さな変化を起こしてみることが重要です。その小さな変化が効果を発揮するには少し時間がかかるかもしれませんが、それによって二人の関係は変化する可能性がありますし、最終的にパートナーも変化するかもしれません。

アニメ映画監督の宮崎駿さんが、あるドキュメンタリー番組で語っていた言葉がとても印象的でした。それは、「大事なものは、たいてい面倒くさい」というものです。夫婦が二人の関係の中で直面する葛藤や問題に向き合い、話し合い、解決していくことは、容易なことではありませんし、ときには苦痛を伴います。そういう意味では、非常に面倒くさいことの繰り返しが夫婦という関係だともいえるでしょう。しかし、それは夫婦という関係がいかに私たちにとって大事なものかを表しているということでもあるのです。みなさんが本書を読み終えたとき、「本当に面倒くさいな」と思いながらも、自分のこと、パートナーのこと、そして二人の関係を見つめ直し、少し前向きにパートナーとのコミュニケーションに取り組む気持ちになってくだされば、著者としてはこんなにうれしいことはありません。

野末武義

目次

## 第10章 DESC法を使ってアサーティブに話し合う 171

**第11章　感情表現とアサーション　185**



イラスト／ウメザワミナ
装幀／小松秀司

# 第Ⅰ部　夫婦・カップルの関係について理解する

第Ⅰ部では、夫婦・カップルの関係について、家族心理学やカップル・セラピーの知見をもとに、解説していきます。夫婦は、ほかの人間関係とはどのように違うのか。結婚してから何十年にもおよぶ生活の中で、夫婦の関係はどのような段階を経て変化していくのか、その中でどのような危機に直面するのか。そして、夫婦の親密さとは何か。さらに、夫婦の間で生じる悪循環や、自分とパートナーとの違いに悩む心理などについて、具体例もあげながら説明していきましょう。

# 第1章　夫婦関係を理解する

## 1　夫婦という関係の独自性

私たちは、夫婦という関係をほかの人間関係とは異なる「特別な関係」とみなし、とても大きな期待をもっています。一方で、期待が大きい分だけ、それがかなわなかったときの失望や落胆も大きいといえるでしょう。夫婦は家族の基盤となる関係ですが、親子とはさまざまな点で異なる独自の関係です。また、恋人同士の関係とも違いますし、友人関係や職場の人間関係とも異なります。それでは、夫婦という関係にはどのような独自性があるのでしょうか。そして、それは夫婦関係の複雑さや、夫婦であり続けることの難しさ、さらにはコミュニケーションの大切さとどのように関連しているのでしょうか。

### 1　血縁のない他人同士の選択による関係

あたりまえのことですが、夫婦には血のつながりがなくもともとは赤の他人です。そして、お互いに相手を選ぶことによって結ばれる社会的な関係です。仮に、「本当はほかに好きな人がいたけれど」とか、「親に勧められて仕方なく」という事情があったとしても、結婚することを選んだのは自分自身であり、責任は自分にあるのです。これは少し厳しい見方かもしれませんが、そう考えなければ自分の人生を誰かに委ねきってしまうことになります。

いずれにせよ、結婚相手としてパートナーを選ぶ理由は人それぞれですが、結婚やパートナーに対する期待や動機があり、二人を結びつけています。それらは、二人の間で言葉にして共有されているものもあれば、自分の心の中に秘められていてパートナーと共有されていないもの、さらには自分自身でも気づいていない無意識のものがあります。たとえば、「この人と結婚したら幸せにしてくれるだろう」という期待を抱いていた場合、期待どおりの結婚生活にならなかったとき、責任の半分を自分で引き受けようとするのではなく、すべてパートナーの責任と見なすかもしれませんし、別の「幸せにしてくれそうな人」を探そうとするかもしれません。

このように、夫婦は親子とは違って相手を選択してできる関係ですので、裏を返せば解消することも選択できる関係です。それゆえに、夫婦の間に何らかの葛藤や問題が生じると、それが関係解消にまで発展する可能性は十分ありますし、その不安やストレスはほかの人間関係以上に強いものになる可能性があります。したがって、二人の関係を続けるためには、時にパートナーに対して失望したり疑問を感じたりすることはあったとしても、その都度パートナーとの関係を継続していく意志とそれを可能にするコミュニケーションのスキルが必要になります。

## 2 すべての結婚は異文化間結婚である（図1）

一昔前とは違って、結婚は家と家の結びつきではなく、個人と個人の自由意志でするものだと考えられるようになってはきました。しかし、「はじめに」でも述べたように、夫と妻の心の中には、それぞれが生まれ育った家族の歴史や文化や価値観、夫婦や家族に対するイメージや理想、日常的な習慣など、さまざまなものが生き続けています。つまり、結婚生活とは、個人というレベルを超えた異なる二つの家族が心理的に結合するものであるといえます。したがって、二人で新しい家族をつくっていく必要があるのです。この結合がうまくいかないと、二人の関係そのものにひびが入るということになりかねません。

とりわけ日本の家族は、歴史的に見て夫婦関

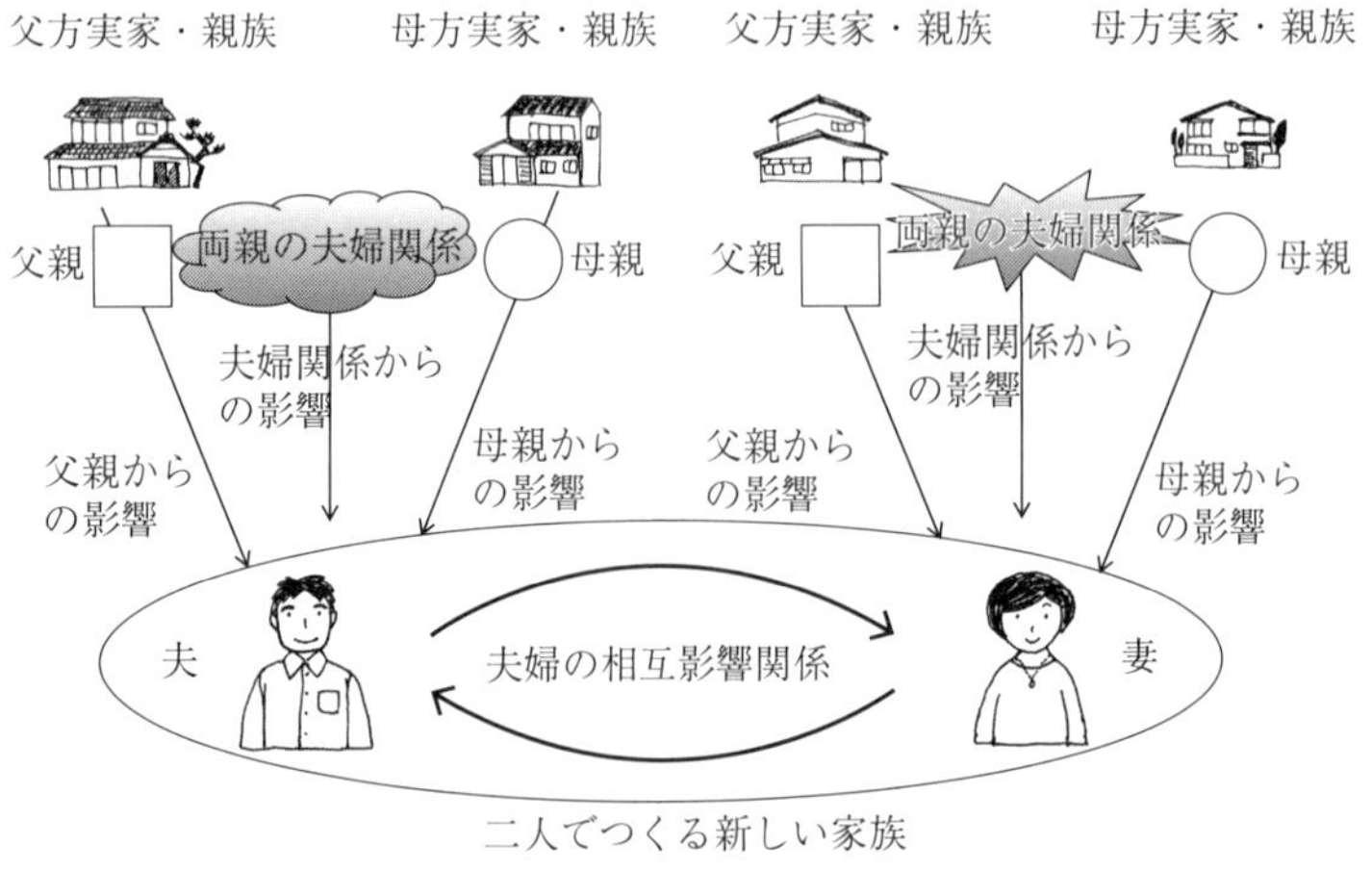


図1　夫と妻の心の中にある二つの異なる家族の結合

係よりも親子関係を中心に営まれてきました。欧米諸国の家族が夫婦関係を中心に営まれてきたのとは対照的です。それだけに、私たちの心の奥深くには、好むと好まざるとにかかわらず、生まれ育った家族（これを源家族といいます）の影響がしみこんでいます。通常、「異文化間結婚」とは国際結婚を表す言葉ですが、たとえ日本人同士だとしても、同じ地域出身同士だとしても、お互いに異なる歴史と文化の中で生きてきた二人が一緒になるのですから、ある意味では、どのような結婚でも異文化間結婚だと思っていたほうがよいでしょう。自分にとってはあたりまえで正しいことが、パートナーにはまったくそうは思えず、むしろ、疑問を投げかけられたり拒否されたりすることもあります。そんな体験は、恋人時代にまったくしないわけではありませんし、同棲している間にある程度見えてくるかもしれませんが、結婚して日常生活を送っていくなかで初めて体験することも数え切れないほどあり、時には衝撃を受けることさえあるでしょう。

## 3　夫婦がそれぞれ担っている役割（図２）

夫婦は、二人の関係の中では夫であり妻ですが、子どもがいれば父親でもあり母親でもあります。また、実家との関係でいえば息子であり娘ですし、きょうだいがいれば兄や弟、姉や妹でもあります。さらに、仕事をもっていれば、当然職場における役割も担っていますし、それぞれの友人関係もあるでしょう。

夫婦はさまざまな葛藤や問題に直面しますが、それは必ずしも純粋に夫と妻という役割の中から生じるとはかぎりません。二人を親という役割で見れば、子育てをどのように分担するのかということで意見が衝突するかもしれません。実家との関係でいえば、お盆や年末年始にどちらの実家に帰省するかをめぐってけんかになるかもしれませんし、年老いた親の介護についてパートナーが同意してくれないという問題が生じるかもしれません。さらに、職場で仕事の負担と責任が重くのしかかっていれば、毎日帰宅が遅くなって夫婦で一緒に過ごす時間が減り、セックスレスにつながるかもしれませんし、子どもとも疎遠になってしまうかもしれません。

このように、夫婦にはさまざまな人間関係の中で担っている役割がたくさんあるのですが、そのいずれもがストレス源となって夫婦の関係を脅かすことも十分起こるものです。ですから、お互いに相手の状況や立場を理解することが必要ですし、葛藤や問題が生じたら、その都度二人で対処していかなければなりません。

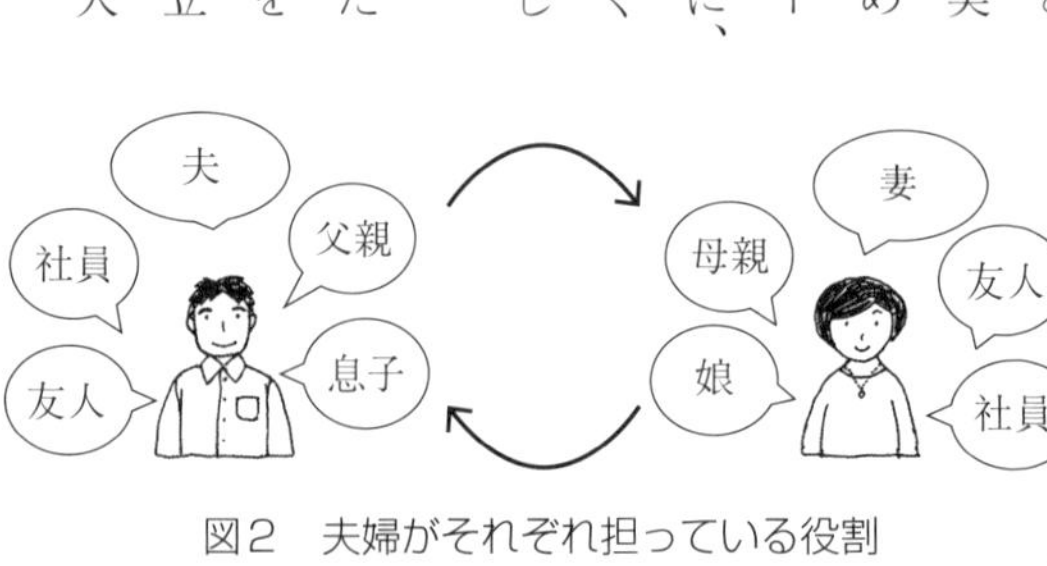

図2　夫婦がそれぞれ担っている役割

## 4　幼い頃からの親との関係の影響

私たちがパートナーを自分の結婚相手として意識的無意識的に選択し、どのような関係を築いていくかということは、実は子どもの頃からの養育者（通常は主として両親）との関係の中で体験したことに強く影響を受けています。自分の父親との関係、母親との関係、両親の夫婦関係などから、私たちは夫婦や家族に対するイメージや価値観や思い込みを心の中に作りあげ、それが基本的な枠組みとなってパートナーとかかわることになるのです。これは、子どもの頃の親との関係が良好でなかったから必ずマイナスの影響を受けるとか、両親からとても愛されていたから問題はないというような単純なことではありません。

たとえば、ある夫婦は夫も妻もともに母親が専業主婦でした。夫の父親は非常に亭主関白で、母親は黙って服従してきた人でした。そうした夫婦のあり方を見てきた夫は、結婚したら妻が仕事を辞めて専業主婦になるのが当然だと思っていました。一方、妻は、母親から「これからの時代、女性も自分で稼がないとダメだよ」と言われてきたので、たとえ子どもができたとしても、仕事は続けたいと思ってきました。この二人は、新婚時代は非常に仲よくうまくいっていたのですが、妻が妊娠してから事態は一変し、妻が仕事を続けるかどうかをめぐってたびたび衝突していました。もしかしたら、夫は父親に服従してきた母親のさみしさやつらさを理解してこなかったのかもしれませんし、妻は母親の父親に対する不満や恨みを感じてきたのかもしれません。

また、幼い頃から両親に愛されていたという実感が強く、自分の親や家族に対して何の疑問も否定的な感情も抱いたことのない人でも、結婚してパートナーとの関係がうまくいかないことがあります。そのような場合、両親を理想化していることで無意識のうちにパートナーと親を比較してしまい、価値を下げてしまっているのかもしれません。つまり、心理的には親の子どものまま結婚しているということです。

したがって、夫婦の関係がうまくいっていないとき、どのような子ども時代を過ごして何を体験してきたか、親との関係がどのようにして心の中に生き続けているのか、どのような価値観を身につけてきたのかを理解すると、その謎が解けることがあります。また、アメリカの家族療法家フラモは、「夫婦が離婚を考えているとき、本当に別れるべきなのはパートナーではなくて、心の中に生き続けている親であることがしばしばある」と指摘しています（Framo, 1992）。

## 5 自分と同じくらいの心理的成熟度の人をパートナーとして選ぶ

カップル・セラピーでは、夫婦は基本的に自分と同じくらいの心理的な成熟度の人をパートナーとして選択すると考えられています。つまり、成熟度の高い人は高い人を、低い人は低い人をパートナーとして選択するということです。ただし、一見すると成熟度の高い人と低い人が一緒になっているように見えることも少なくありません。また、パートナーの心理的成熟度が低いのはよくわかっても、自分も同じように心理的成熟度が低いことに納得できないという人がいるかもしれません。これについては、「第３章　夫婦・カップルを悩ませる自分と相手の違い」で具体的に述べます。

## 6 パートナーの魅力が不満に変わる皮肉

カップルが出会った時、さまざまな理由でお互いに魅力を感じひきつけられ、結婚を決意します。しかし、皮肉なことに、その魅力として感じたことそのものが、後にパートナーに対する不満の元になっていることが少なくありません。

たとえば、パートナーの男性を頼りがいのある自信に満ちた男らしい人として魅力を感じた女性は、結婚生活の中で次第に、パートナーが自分の気持ちに共感してくれない強引な人と感じるようになるかもしれません。また、男性が高学歴で高収入であることを結婚相手の第一条件に考えていた女性が、結婚後は夫が仕事に忙しく一緒に過ごす時間が少ないことにさみしさやむなしさを感じるかもしれません。一方男性のほうも、女性が自分を頼ってくれるところにひかれて結婚したはずなのに、結婚後は妻が依存的で子どもっぽく思えてうとましく思うかもしれません。また、自分の経済力に人一倍の自信をもって結婚した男性が、結婚後は、妻がお金のことを頻繁に口にすることに嫌気がさしたり、仕事がうまくいかない状況で苦しんでいるときに、妻から将来の経済的な不安をぶつけられ、精神的なサポートが得られず追い詰められるかもしれません。

これらはごく一例に過ぎませんが、共通しているのは、もともと相手の魅力だと思っていた面や二人を結びつけた動機が、結婚後は本人も気づかないうちに不満の種になっているということです。そして、それはパートナーが以前とは変わってしまったことが原因だと考えているのですが、実は、本質的にパートナーが変わってしまったというよりも、自分がコイン（パートナー）の表と裏のどちらを見ているかという問題なのです。したがって、二人の間の葛藤や問題の原因がパートナーにあってパートナーを変えようとエネルギーを注ぐのではなく、自分のパートナーに対する見方や期待を見直し、自分自身のかかわり方を変えることを考えたほうがよいでしょう。

表1は、パートナーのある特徴が魅力として感じられるときと不満として感じられるときの違いを表しています。これらはいずれも、ある特徴をプラス面から見たときとマイナス面から見たときの違いであり、コインの表と裏のようなものです。さて、あなたはどれか思いあたるものはありますか？　また、パートナーは、あなたのことをどのように見ているでしょうか？

表1　パートナーに対する見方・感じ方の違いの例

| 魅力に感じるとき | 不満に感じるとき |
|---|---|
| 頼れる・引っ張ってくれる | 強引・支配的・一方的 |
| 自立的・しっかりしている | 自己中心的・自己愛的 |
| かわいい | 依存的・幼い |
| 話を聴いてくれる | 自分から話そうとしない・無口 |
| 優しい | 優柔不断 |
| 細やか・よく気がつく | 神経質・小さなことにこだわる・ケチ |
| 仕事ができる・経済力がある | 多忙で家庭を顧みない |
| 論理的・合理的 | 理屈っぽい・気持ちを理解してくれない |
| 感情表現豊か | 感情的・ヒステリック |

## 2　夫婦が歩んでいく道――家族ライフサイクルにおける危機と発達課題

二人が結婚すると、数十年に及ぶ生活が続いていく可能性があり、そのなかでどのようなことが起こるかは、それぞれの夫婦によって異なります。しかし、多くの夫婦が共通してたどるいくつかの段階や、それぞれの段階で起こりうるさまざまな危機があることも知られています。ここではまず、危機とは何か、そして、夫婦関係における二種類の危機について説明し、それをふまえて、どこの夫婦にも起こりうる危機について具体的に説明しましょう。

### 1　危機とは何か

#### ❶危機＝危険＋機会

私たちは、日常的に「危機」という言葉を使います。日本経済の危機、会社存亡の危機、家族の危機などさまざまです。このように日常的に使われる言葉なのですが、実は、危機という言葉はとても深い意味をもっています。「危機」の「危」は「危険」の「危」なのですが、「危機」の「機」は「機会」の「機」なのです。

つまり、危機というのは、それによって自分やパートナーが苦しみを味わい、家族や人間関係が壊れてしまう危険性を秘めている一方で、それを乗り越えることができたら、以前よりも大きく成長し、関係がよりよくなる機会になる可能性も秘めているということなのです。「ピンチの後にチャンスあり」ということと似ているかもしれません。

人は、生きていくなかで大小さまざまな危機に直面します。たとえば、スポーツ選手には、選手生命が危ぶまれるような大きな怪我をしたり、現役続行を諦めたくなるようなどん底のスランプを経験することがあるでしょう。そのようななかで選手は、自問自答し、時には深刻な抑うつ状態に陥り、悩み苦しみながらも、誰かに助けられながら、出口の見えないトンネルから必死に抜け出そうと努力するでしょう。そして、以前とは違う何らかの工夫が変化をもたらし、選手はその危機に直面する以前よりも優秀な成績を叩き出したり、より楽しみながらプレイができるようになったりして、自分自身の成長を実感するでしょう。

夫婦関係における危機にも似たようなところがあります。誰でも、いつも幸せを感じられる順風満帆の二人の関係が続いていったらよいのに、と願うでしょう。しかし、現実はまずそうはいきませんし、さまざまな危機に直面させられます。その危機のさなかにいるときは悩み苦しみ、うまく解決できないといっそう関係は悪化し、場合によってはそれが別れという選択につながることもあるでしょう。しかし、試行錯誤を続けながら危機を乗り越えることができると、二人の絆は以前よりもいっそう強いものになるでしょう。

## ❷危機を乗り越えるためには変化が必要

危機に直面したとき、人はそれまでのやり方を繰り返したり強めたりすることで乗り越えようとしますが、多くの場合それではうまくいきません。そこで必要なのは、何らかの変化です。つまり、今までとは違う見方、考え方、対処の仕方、工夫が必要となるのです。その際、パートナーを変えようと必死になっても、うまくいかないことが多いでしょう。パートナーを変えようとがんばればがんばるほど、パートナーはかえって変化を拒むことになりがちです。むしろ、まず自分自身が少しだけでも変化することです。自分が変化するとコミュニケーションが変わり、それによってパートナーも変化しやすくなります。そして、最終的に二人の関係が変わると、危機を乗り越えることができるのです。

二人の関係が変わるというのは、容易なことではありません。どうしたらよいかはすぐにはわからないので試行錯誤の連続ですし、無力感や怒りに圧倒されることもあるでしょう。二人だけではうまく危機を乗り越えられないとき、友人などの第三者に相談することも役に立つでしょうし、カップル・セラピーを受けるということも選択肢の一つです。

## 2 夫婦が直面する二つの危機

夫婦が直面する危機には、些細なものから重大なものまでいろいろなものがありますが、日本の家族心理学の第一人者である岡堂（一九九一年）は、大きく二つに分類しています。

### ❶発達的危機――多くの夫婦が直面する予測可能な危機

一つは発達的危機です。これは、どの夫婦も直面しやすいもので、ある程度は予測できるものです。予測できるとはいっても、必ずしも多くの人がこれから起こりうる危機を意識しているわけではないので、危機に直面したときには強い不安に襲われたり大きく動揺したりすることも珍しくありません。また、予測できるということは、必ずしも解決しやすいということを意味するわけではなく、多くの夫婦が日々悩まされていることと深く関係しています。この危機をうまく乗り越えられないと、二人の関係はより悪化し別れることになるかもしれません。これについては、次の「３　家族ライフサイクルにおける夫婦の発達課題と発達的危機」で具体例をあげて説明します。

### ❷状況的危機――一部の夫婦しか経験しない予測不可能な危機

もう一つは状況的危機、あるいは偶発的危機と呼ばれるものです。これは、一部の夫婦しか経験しないような危機で、予測できない危機です。

たとえば、親が若くして亡くなる、子どもの死、障がい、慢性疾患、失業、事故、災害に遭う、などは、必ずしも多くの家族が経験することではありません。それゆえに、当事者の苦しみは身近な人たちにも専門家にもなかなか十分に理解してもらえず、適切なサポートを受けることも容易ではありませんし、時にはトラウマと呼ばれる深刻な状態に陥ることもあります。たとえば、子どもの死は、夫婦にとって最も衝撃的な出来事の一つであると精神医学的にも考えられていま す。端から見れば、そのようなときこそ夫婦で支え合って乗り越えていくべきものと思われるか もしれませんが、現実的には、喪失体験に対する反応の仕方や対処の仕方は夫と妻とでは異なる ことが珍しくなく、子どもを失った悲しみを夫婦で共有するということは、非常につらく苦しく 困難なことで、想像を絶するストレスに襲われます。

もう少し一般的な状況的危機の例としては、夫の急な転勤による転居や子どもの転校がありま す。妻は新しいコミュニティで人間関係を一からつくらなければならないでしょうし、子どもも 新しい学校や人間関係に適応しなければならず、夫自身も新しい仕事や人間関係によるストレス を抱えるでしょう。そんななかで、家族みんなが一生懸命暮らしているにもかかわらず、妻にう つの症状が見られたり、子どもの不登校が始まるきっかけになることがあります。

## 3　家族ライフサイクルにおける夫婦の発達課題と発達的危機

では、ここで夫婦がたどる一生とそのなかで乗り越えていくべき課題、そしてそれに伴う発達 的危機について、家族ライフサイクルという視点から説明していきましょう。家族ライフサイク ルとは、平均的な家族がたどっていくおおよその道筋にはいくつかの段階があり、それぞれの段 階ごとに家族が直面する発達課題とそれに伴う発達的危機があり、その危機を乗り越えるために は何らかの変化が求められるという考え方です。

表2　家族ライフサイクルにおける夫婦の発達課題
（Carter & McGoldrick, 1999：中釜ほか, 2008をもとに「夫婦の発達課題」として筆者作成）

| 家族ライフサイクルの段階と中心テーマ | 夫婦の発達課題 |
|---|---|
| 1．結婚前の独身の段階<br>：自己の確立 | ・職業を選択してコミットし経済的に自立すること<br>・友人や恋人と親密な人間関係を築くこと<br>・親や実家から心理的に自立すること |
| 2．新婚夫婦の段階<br>：夫婦としてのアイデンティティの確立 | ・夫婦としての家庭生活と、友人関係や仕事とのバランスをとること<br>・二人の間でのルールづくり<br>・お互いにパートナーに適応すること<br>・夫婦としての絆と実家との絆のバランスをとりながら、夫婦の信頼関係を強めていくこと<br>・子どもについて話し合っておくこと |
| 3．乳幼児を育てる段階<br>：子どもにとって安心できる夫婦関係の構築 | ・親としての役割を身につけること<br>・子育てをしつつ、夫婦の絆を保つこと<br>・祖父母や親族との関係の調整<br>・人間としての自分の親を見つめ直すこと |
| 4．学童期の子どもを育てる段階 | ・家族と社会（学校・地域）との交流を深めること<br>・子どもの教育に関与すること<br>・子どもの心身の健康な発達を促進すること：知育に偏らない子育て |
| 5．思春期・青年期の子どもを育てる段階 | ・進路や職業について考え選択すること（子ども）<br>・アイデンティティの確立（子ども）とアイデンティティの再確認（親）<br>・中年期の危機を乗り越えること<br>・子どもの自立的欲求と依存的欲求にバランスよく応えること<br>・親として夫婦が協力すること<br>・夫婦としてのアイデンティティを再確認すること<br>・夫婦としての将来について考え始めること |
| 6．子離れの段階 | ・子離れに伴う喪失感に耐え、受容すること<br>・成人した子どもを大人として尊重し、適切な距離を保つこと<br>・親の介護や同居の問題に対処すること<br>・老後の準備を始めること |
| 7．老年期の夫婦 | ・生理的な老化を受け入れ対処すること<br>・仲間や同胞の喪失への対処<br>・夫婦で互いに支え合うこと<br>・配偶者の老化や死への対処<br>・人生のふりかえりと統合<br>・自己の死への準備 |

以下、どのような課題があり危機が起こりうるのか、どのような変化が求められるのかを説明していきましょう（表２）。

## ❶結婚前の独身の段階

通常、夫婦がたどる一生を考えるとき、そのスタートは結婚だと考えられますが、カップル・セラピーでは、二人が出会う前の独身の段階から視野に入れます。なぜならば、結婚前のこの段階をどのように生きるか、どのように人とかかわるかということが、将来パートナーとして誰を選ぶか、その人とどのような関係を築き、新しい家族をつくっていけるのかを大きく左右すると考えられているからです。

この段階の発達課題は三つあります。一つめは、職業を選択してコミットし、経済的に自立することです。職業を選ぶということは、自分自身のアイデンティティがある程度確立していないとできませんし、経済的な自立は心理的な自立を促進します。成人した子どもへの親からの経済的支援は、子どもをサポートするために必要な場合もありますが、皮肉にもそれが子どもの自立を妨げることもあります。お金は人を助ける場合もありますが、人間関係を支配したり、人を依存的な立場にとどめたりして成長の機会を奪う可能性もあります。親から経済的に自立しないことは、パートナーの経済力に対する過度な期待と要求につながることがあります。

二つめは、友人や恋人と親密な人間関係を築くことです。親密さについては後ほど詳しく説明しますが、単に仲がよいとか一緒にいて楽しいということにとどまらず、自分らしさを失うことなく、自分とは異なる個性をもった相手に心理的に近づくことができることです。反対に親密とはいえない関係としては、いつも一緒にいないと安心できないとか、お互いの共通点ばかりに目を向けて違いを受け容れられないといった融合的な関係があります。また、それとは反対に、距離をとってつきあうことしかできない孤立的な関係もあります。これは、一見すると自立的に見えるのですが、心理的に近づいたりさまざまなことを共有したりすることが難しい関係です。

独身時代に親密な関係を築く能力を身につけておけば、結婚後もパートナーとさまざまなことを共有しつつも、お互いの違いによって過度に脅かされることはないでしょう。しかし、融合的な関係しか経験していないと、結婚後もパートナーとそうした関係をもとうとするのですが、毎日の生活の中で生じる小さな気持ちや考えのすれ違いに耐えられなくなったり、容易にさみしさや孤独感を感じたりするでしょう。一方、孤立的な関係しか経験していないと、生活をともにしていくこと自体に窮屈さを感じたり、二人で日常的なことや将来のことについて意見や気持ちを出し合って解決していくのが困難になるでしょう。

三つめは、親や実家から心理的に自立することです。心理的な自立とは、親は親、私は私であって、自分の人生をどう生きるかは自分に責任があると引き受けることです。もし、結婚前に親から心理的に十分自立できず、幼児的な依存を引きずっている場合、結婚したパートナーに親的な役割を求めて子どものように過度に依存したり、あるいは親とパートナーとで意見が異なった場合に、容易に親のほうについてしまい、パートナーを孤立させることになりかねません。

このように、結婚前の独身の段階では必ずしも結婚相手にめぐり会っているとはかぎりませんが、将来結婚生活をスタートさせるための土台づくりといえる重要な段階であり、これらの発達課題に十分取り組んでおくことで、後の結婚生活をよりスムーズに営んでいくことができます。

## ❷新婚夫婦の段階

新婚期は、夫婦の一生の中でも最も幸せを実感する時期でしょう。しかし、「愛し合って結婚すればすべてはうまくいく」というほど簡単ではないのも事実です。新婚期にもいくつかの発達課題があり、それに伴う発達的危機があります。

まず第一に、夫婦としての家庭生活と、友人関係や仕事とのバランスをとることが必要です。結婚してからも独身時代と同じように友人と頻繁に呑み歩いたり遊びに出かけたりして、夫婦で過ごす時間が十分でなかったらどうでしょうか。あるいは、仕事が忙しくて毎晩帰宅が遅かったり、休日が十分にとれなかったらどうでしょうか。経済的には豊かかもしれませんが、時間的なゆとりはないかもしれません。友人関係も仕事も大事なものですが、夫婦としての時間を奪ってしまうようであれば見直す必要があります。しかも、これらの重要度や置かれている状況は二人で異なることもしばしばです。ある人はもともと友人とのつきあいはそれほどなかったけれども、パートナーは非常に社交的で友人も多いということもあるかもしれません。またある人は、仕事はそれほど重要ではなく自分を稼ぎ手だとは見なしていないけれども、パートナーにとっては仕事は非常に重要で、組織の中で負わされている責任も重く、稼ぎ手であることを期待されているということもあるでしょう。そんな二人の違いを調整していかなければなりません。それがうまく調整できないと、「友だちと僕とどっちが大事なの？」とか、「私よりも仕事のほうが大切なの？」という葛藤につながりかねません。

第二に、二人の間でのさまざまなルールづくりをしていかなければなりません。「はじめに」で述べたお雑煮のお餅の形はその一例ですが、そのほかにも日常生活のさまざまなところで二人の違いが現れ二人の関係を試します。ある夫婦は、夕食の時にテレビをつけておくか消すべきかで初めての夫婦げんかをしました。またある夫婦は、帰宅が遅くなるときに夕食前に連絡を入れるか入れないかでけんかになりました。またある夫婦は、セックスの頻度についての理想が異なりました。いくつかのことは結婚前にあらかじめ話し合って決めておくこともできるでしょう。しかし、仮に結婚前にいろいろ話し合っておいたとしても、実際に一緒に生活を始めてみると、想定していなかった二人の些細な違いに遭遇することが多々あります。ですから、時にはけんかをしながらも、二人で話し合ってお互いに納得できるルールをつくっていく必要があります。

第三に、そのようにして二人の間でさまざまなルールがつくられていくことは、お互いにパートナーに適応することも意味します。かつての日本では、妻が夫の実家の習慣に合わせるのがあたりまえだと考えられていました。しかし、最近では、結婚は家同士の結びつきというよりは個人と個人の関係であることが強調され、ある意味では夫と妻はより対等な関係になってきました。つまりそれは、どちらか一方が自分を犠牲にしてパートナーに合わせるのではなく、お互いに時には譲ってパートナーの習慣や好みや価値観を理解し受け入れ、適応していかなければならないということでもあります。結婚前から、すでにお互いに生活パターンや行動パターンがある程度確立されているわけですから、自分とは異なるパートナーのパターンを受け入れ適応していくことは、容易なことではありません。

第四に、夫婦としての絆と実家との絆のバランスをとりながら、夫婦の信頼関係を強めていくことです。結婚するとき、多くの人は二人の絆はとても強くてそんなに簡単には壊れないものだと思っているでしょう。しかし、実家との絆は、それがよいものであろうが悪いものであろうが、二十年とか三十年とかあるいはそれ以上の長期間続いてきた関係の中で築かれているもので、二人の関係よりも歴史が長いのです。それゆえに、自分でも無意識のうちに強い影響を受けていて、時にパートナーとの関係よりも大事にしていたり、心の中にしみこんでいたりします。

たとえば、ある夫婦は、新婚夫婦のためにマンションを買ってくれた妻の両親が、週末になると頻繁に遊びに来るようになり、夫婦二人で遊びに出かける機会が減ったことでぶつかりました。夫は、もっと二人で過ごす時間を大切にしたいと主張し、一方妻のほうは、「私の両親のおかげでこのマンションに住めているのに、どうして私の両親を大切にしてくれないの！」と一歩も譲らず、二人は離婚を考えるまでにいたりました。結婚したからといって、実家との関係を絶つ必要はまったくありませんし、良好な関係を続けていく努力は必要です。しかし、実家との結びつきが強すぎると、夫婦としての絆を強め信頼関係を確立していくことを妨げてしまいます。かつての日本では、夫とその実家の絆が強く、そのために妻が苦労し、夫婦の葛藤につながっていることが多かったのかもしれませんが、最近ではそれに加えて、妻とその実家の結びつきが強く、夫が排除されていて、夫婦関係が脅かされている事例も増えています。

さらに、第五として子どもについて話し合っておくことも重要です。子どもをもつのかもたないのか、もつとしたらいつ、何人ほしいのか、もたないとしたらなぜなのかについて、お互いの状況や考えや価値観を共有しておき、次の段階に進む準備をしておくのです。米国の結婚前カウンセリングでは、子どもについて話し合っておくことは、結婚前のカップルの重要な課題の一つとしてとりあげられているほどです。また、最近では不妊治療を受けるカップルが増加していますが、ここでも夫婦のコミュニケーションが問われます。愛し合っている夫婦であっても、治療に対する考えや気持ち、不安は、多かれ少なかれ違っているでしょう。その違いを話し合って調整していかなければならないのです。

このように、新婚期にもさまざまな発達課題があり、毎日幸福感と情熱だけを感じられるわけではなく、時に不満や葛藤を感じけんかをしながらも、少しずつ解決していくことによって、二人の絆はいっそう強いものになっていくでしょう。そして、夫婦としてのアイデンティティを確立していきます。つまり、「私たちは夫婦であり、お互いにかけがえのない存在だ。これから人生をともに歩んでいくのだ」ということをあらためて実感し、引き受けていくことができるでしょう。しかし、これは決して容易なことではありません。どちらか一方、あるいは双方が自分の要求ばかりをパートナーに押しつけようとしたり、パートナーよりも実家との関係を優先したり、二人の関係をないがしろにしたりすれば、葛藤を解決することが難しくなるでしょう。そして、時には失望したり怒りを覚えたり、あるいは結婚したこと自体を後悔する気持ちが生じる可能性もありますし、それが後の夫婦関係や子どもとの関係に影響を及ぼすこともあります。

## ❸乳幼児を育てる段階

「子宝」とか「子はかすがい」というように、多くの夫婦にとって、子どもの誕生は幸福の象徴であり、明るい未来を感じさせてくれるものでしょう。しかし一方で、現実的には子どもの誕生は、心理的、身体的、経済的なストレスをもたらし、夫婦関係にもさまざまな影響を及ぼします。米国のベルスキーとケリーの調査では、子どもの誕生によって夫婦の関係が悪化したと感じている人は、五割にも達するという結果が出ているほどです（Belsky & Kelly, 1994）。

子どもの誕生は、親の誕生でもあります。夫であり父親である、妻であり母親であるというように、お互いに夫婦でありながらも親としての役割が求められるようになります。二人がどのように親として子育てにかかわるか、家事を分担するかには正解がなく、二人で自分たちに合ったバランスを見つけていく必要があります。また、子どもをどんなふうに育てていきたいのか、どのような人生を歩んでほしいのかは、夫婦といえども考え方や価値観が違っていて当然です。その違いをお互いに理解し合い、日々の子育てを営んでいくためには、話し合って解決することが大切です。そんななかで、どちらか一方、あるいは時には二人がなかなか親としての自覚がもてず、子どもの養育に十分なエネルギーを注げないことも起こり得ますし、子育てに対する価値観の違いを分かち合えずに、夫婦のストレスは高まるかもしれません。また、親としての役割に比重がかかりすぎ、夫婦であることをつい忘れてしまったり、パートナーのことを後回しにすることも起こる可能性があります。そんななかで、浮気の問題が起こったり、セックスレスが始まったりすることがあります。子育てをしつつ、夫婦の絆を保っていくためには、お互いの努力が必要です。

さらに、子どもの誕生は祖父母の誕生も意味します。近年では、少子化と高齢化が同時に急速に進行しているので、祖父母といってもまだまだ若くて元気でエネルギーが十分あり、孫との接触も積極的な場合が少なくないでしょう。祖父母の存在は、子どもにとって親とは違う愛情の対象として重要な意味があります。しかし、ここで祖父母と両親の異なる世代が、子どもの養育をめぐって葛藤や問題を抱えることも起こります。孫が誕生した途端、孫の将来の受験について口を出してくる、日々の養育の仕方やしつけについて親との意見が異なるなど、さまざまな問題が生じます。祖父母は子育てを助けてくれるサポート資源にもなりうるのですが、時にストレスがもたらされる可能性も十分にあり、それにうまく対処できないと、夫婦の対立を招きかねません。

祖父母と時に葛藤や問題を抱えつつも、ほどよい関係を保ちながら、夫婦が親として責任をもって子育てをしていくことは、決して容易なことではありません。

また、子どもが誕生し親になることによって、自分の両親に対する見方や感じ方に変化が生じることがあります。自分自身が親になる前の親に対する見方や評価は、子どもという立場から親としてどうか、望ましいのかそうでないのかというものです。しかし、子どもができて自分自身が親になると、親としての気持ちや考えや立場も理解できるようになります。そうすると、子どもも時代の親との関係をふり返り、「親はあのときこんな気持ちだったのかな」「親って子どものことをこんなふうに心配するんだな」「幼い子どもの些細な言動で、親は傷ついたり腹が立ったりするんだな」といった体験をするでしょう。そして、自分の親を親として見るだけでなく、一人の人間として見つめ直すことができるようになります。それはまた、一人の男性として、女性として親を見ることにもつながり、親とより対等な関係になれるのです。

ところで、離婚に関する一九五〇年代以降の傾向の一つとしてあげられるのが、同居期間五年未満の夫婦の離婚が最も多いということです。これは、新婚期や乳幼児を育てる段階の夫婦の離婚が多いことを示しており、夫婦がいかに心理的に夫婦になっていくことが容易ではないか、親の役割を身につけながら夫婦としての関係を保っていくことが難しいかを示していると考えられます。

## ❹学童期の子どもを育てる段階

この段階は、おおむね子どもが小学生の時期です。子どもの発達からいえば、乳幼児期や思春期ほどの大きな身体的変化は見られず、精神的にも比較的安定した時期だと考えられてきました。しかし、最近では必ずしもそうともいえなくなってきました。小学校一年生の学校適応問題、不登校やいじめ、子どものうつの問題も現れ始めます。夫婦の関係については、この段階は、それほど大きな変化があるわけではないかもしれません。しかし、子どもの教育をめぐって、夫婦がどのようにお互いの価値観を共有し子どもに適切に伝えていくかは、意外と難しいものです。

たとえば、中学受験をさせるかさせないかで夫婦の意見が食い違うということが起こるかもしれませんが、最終的にはお互いに合意して子どもも納得する必要があるでしょう。近年では母親のあり方もずいぶんと様変わりし、「育てる母親」から「教育する母親」に大きく変化しているともいわれています。また、以前は母親が子どもの教育に熱心で父親が無関心なことで夫婦が衝突し、子どもがさまざまな問題を呈することが多かったのですが、最近では両親ともに教育熱心で価値観も同じであることが、かえって子どもを追い詰めて苦しめてしまうことも増えています。時にそれは、「勉強という名の虐待」といった状況になることもあります。

このように、子どもの教育に対する親の関与は、近年ますます強くなってきていると思われますが、子どもの情緒発達を無視した知育に偏った教育にならないように注意する必要があります。親が自分の不安や怒りを適切にコントロールできず、子どもに過剰な期待を押しつけることによって、親は何年後かに子どもの不登校や家庭内暴力、心身の症状や問題行動といったかたちで、子どもから課題を突きつけられることにもなりかねません。

また、夫婦はお互いに話し合い価値観を共有することが大切ですが、「共有」とは必ずしも「一致」や「葛藤がないこと」を意味するわけではありません。一方がアクセルを踏みすぎていたらもう一方がブレーキをかけることも必要です。夫婦のチームワークとは、同じことを二人でやるというよりも、お互いに相手の動きを見ながら、柔軟にアクセルを踏んだりブレーキをかけたりすることで、子どもが安心して毎日を暮らしていけるようにすることではないでしょうか。

### ❺思春期・青年期の子どもを育てる段階

子どもは小学校高学年から中学生くらいになると、初潮や精通などを経験していわゆる第二次性徴期を迎え、大人の身体に大きく変化します。最近の子どもたちは、身体の成熟は以前よりも早くから始まる傾向があるのに対して、心理的な成熟はむしろ遅くなっていると考えられています。以前は青年期といえば大学卒業までで、それ以降は成人期と考えられていましたが、最近では三十歳まで青年期と考えたほうがよいという考え方もあります。このような現代社会においては、思春期・青年期の子どもたちは、一見すると明るく楽しい毎日を送っているように見えますが、心身の成熟のアンバランスにうまく対処できないことも起こりえます。

そして、子どもの年齢が上がるにつれて進路や職業の選択が現実的な問題となりますし、友人や異性との関係でも悩んだり傷ついたりすることも増えます。そのなかで子どもは、自分とは何者か、自分らしさとは何か、自分はどう生きていきたいのかといったアイデンティティの確立をめぐって悩みやすい難しい時期を過ごします。

一方、親世代はいわゆる中年期の危機を迎えます。肉体的な衰えを感じ始めたり、自分の将来について不安を覚えるようになったりして、心身ともに不安定になりやすい段階です。また、平均して約二十年社会人として働いてきたことをふり返り、自分は何ができてきたのか、今の自分はどうなっているのか、そしてこれから自分はどのように働いていきたいのか、働いていけるのかを考えるようになり、自分自身のアイデンティティを再確認するという課題に直面します。

また、子どもは、もう大人でもあり、まだ子どもでもあるという矛盾した姿を親に見せることが珍しくありません。生意気に反抗するかと思えば、甘えて当然といった幼児的な態度を見せることもあります。このような子どもに対して、親として必要なことは、子どもの自立的な欲求と依存的な欲求に柔軟に対応することです。自立的な欲求にうまく対応できないと、いつまでも子どもをコントロールしようとして衝突したり、あるいは、子どもは親の言うことをきく従順なよい子だけれども、年齢相応の社会性が育たないかもしれません。一方、依存的な欲求にうまく対応できないと、子どもは家族の中で支えられず、その孤独感を友人や異性との関係に没入することで満たそうとするかもしれません。

このように難しい年齢の子どもに対応するには、親として夫婦が協力することが重要です。母親が子育ての中心で父親は仕事に没頭していても何も問題は起こらなかった家庭でも、子どもが思春期になるとそうはいかなくなることがあります。時にそれは、子どもが不登校や家庭内暴力などのさまざまな問題行動を通じて、両親の協力関係を引き出そうとすることで現れたりします。つまり、この段階は夫婦としての絆がもう一度問われ、夫婦としてのアイデンティティを再確認することが求められるのです。

ところが、これは決して容易な課題ではありません。中年期になると、それまで家族などの人間関係に価値を置いてきた妻が、より個人としての自分の生き方を模索するように変化したり、その一方で、仕事を中心とした個人としての生き方に価値を置いてきた夫が、人との関係を求めるように変化したりすることがあります。一見すると二人の変化の方向性は反対かもしれませんが、お互いにそのバランスがうまくとれれば、夫婦は新たな関係を築くことができるでしょう。しかし、二人の間で変化のバランスがとれず、パートナーの変化が自分にとっての障壁や恐れになるとき、二人の間の葛藤はより深刻になるかもしれません。

このように、子どもが徐々に自立していこうとすることや夫婦のアイデンティティを再確認することは、夫婦としての将来について考え始めることにもつながります。ここまで夫婦としてすでに二十年から三十年の歴史があるわけですが、子育てはあと数年か十年程度で終わる可能性があります。その後は必然的に夫婦中心の家族に変化していくわけですが、それに対する準備を始めるのもこの段階の重要な課題の一つです。それゆえに、パートナーに対する不満が表面化し、別れを意識し始めることも起こるのです。

## ❻子離れの段階

子どもが成長して大学に入学したり就職したり結婚したりすると、自分自身の人間関係や社会が広がっていき、親の存在は相対的に小さくなり親離れしていきます。それは親の側からすれば、親としての役割が非常に小さくなり、子離れをしなければならないということであり、家族は親子関係中心から夫婦関係中心に移行するということでもあります。ここまでの間で、夫婦としての関係が比較的良好であれば、この移行はさほど困難ではなく、新たに増えた夫婦で過ごす時間を有意義に使うことができ、夫婦としての親密さはいっそう強まるでしょう。しかし、夫婦の葛藤が潜在的に強かった場合や、子育てに協力して取り組めてこなかった場合は、深刻な危機に直面することも珍しくありません。近年、同居期間二十年以上のいわゆる熟年夫婦の離婚が増えていますが、これは夫婦として再出発していくことの難しさを表しているのでしょう。

また、夫婦中心の生活にストレスを感じている人の中には、大人になった子どもの日常生活や結婚生活に過剰にかかわることで、自分たち夫婦の葛藤から目を背けようとする人もいます。「家を買ってあげるから近くに住みなさい」「早く不妊治療を受けなさい」「そんな人とはさっさと別れて実家に戻ってきなさい」など、親としては子どものためを思って言っているつもりかもしれませんが、それがかえって子どもたち夫婦の関係を悪化させる最大の要因になることもあります。したがって、親は成人した子どもの生活や人間関係に過剰に介入することなく、子どもを成人した大人として尊重し、適切な距離を保つことが求められるでしょう。そして、自分たち夫婦の老後について準備を始めなければならないのもこの時期です。

さらに、この段階になると、実家の親の介護や同居の問題が浮上してくることもあります。実家の親の面倒を誰がどの程度みるのかといった問題は、少子高齢化が急速に進んでいる現代社会においては、夫婦間の葛藤を引き起こす大きな一因にもなります。

### ❼老年期の段階

老年期を迎えると、日々の生活の中で、自分自身の生理的な老化に直面させられることになり、その事実を受け入れ対処していかなければなりません。また、親、きょうだい、友人、さらには馴染みのある著名人などとの直接的間接的な死別を体験することも急速に増えるでしょう。そして、パートナーの老化や死にも直面させられることもあります。それは、自分自身にもいずれ訪れるであろう死について自覚させられることにもつながり、自己の死に対して具体的な準備を始める人も少なくありません。場合によっては、それは強い抑うつ感を伴うことになるかもしれませんが、一方で、自分自身の人生をふり返り統合する機会にもなり得るものです。

この段階では、夫婦がお互いにパートナーに対する非現実的な期待を捨て、ありのままに受容できるかどうかが問われます。そして、夫婦がお互いに支え合うことが何よりも大切になります。

しかし、そうした夫婦の支え合いは、二人の努力だけで実現できるものではなく、子どもや親族によるサポート、医療機関や福祉施設による援助など、夫婦を取り巻く社会全体がサポート資源として機能することが必要です。

これまで述べてきた家族ライフサイクルのそれぞれの段階で、夫婦としての発達課題をある程度乗り越えることができれば、次の段階にスムーズに進むことができますが、課題に向き合うことを回避したり、うまく乗り越えられなかったりすると、夫婦の深刻な葛藤や問題、家族の誰かの心身の症状や問題行動につながりかねません。また、その後の発達段階のなかで、あらためて夫婦としての以前の発達課題に向き合わなければならないでしょう。

たとえば、新婚期に夫婦の絆を十分につくれないまま子どもを育てる段階に入ると、親として協力して子育てに取り組むことは難しくなるかもしれません。あるいは、二人とも子どものことに熱心になるあまり、いつの間にかお互いを夫婦として見ることが難しくなるかもしれません。また、子育て期に十分な協力関係を築けなかった夫婦は、子どもが思春期を迎えた頃、もう一度夫婦が協力して子どもに向き合わなければならなくなったとき、それまで潜在化していた葛藤にあらためて直面せざるを得なくなるかもしれません。

しかし、だからといって、「時すでに遅し」とはかぎりません。二人の間で何か問題が起こったとき、これまでの夫婦関係をふり返りながら、解決できている発達課題と未解決な発達課題を明らかにし、お互いの気持ちや考えを共有し、あらためて課題に取り組んでいけばよいのです。

# 第2章　二人の関係を育てるもの・妨げるもの

さて、長年にわたって夫婦が良好な関係を保ち続けていくために必要なこととは、一体何でしょうか。「愛」とか「思いやり」とか「情熱」とか「忍耐」とか、さまざまなことが思い浮かぶのではないでしょうか。ここでは「公平性」（キブ・アンド・テイク〈give & take〉のバランス）(Boszormenyi-Nagy & Krasner, 1986) と「親密さ」という言葉をキーワードとして、考えていきたいと思います。

## 1　夫と妻のギブ・アンド・テイク――公平性について

長年にわたって関係が良好な夫婦は、自分がパートナーから大切にされ愛されているということを実感しており、同時に自分もパートナーのことを大切にしようと日頃から小さな努力を積み重ねています。夫婦は、毎日の生活の中で、パートナーのためにしてあげていることや与えていること（give）とパートナーからしてもらっていることや受けていること（take）がたくさんあります。たとえば、妻が毎日食事をつくったり掃除をしたり、夫のワイシャツのアイロンをかけたり、子どものために学校に行ったりするなどです。そして夫は、毎日仕事に行き収入を得てくる、朝ゴミを出す、休日に家族を連れて車を運転して出かける、などです。あまりにもたくさんあり、その一つひとつはとても小さなことのように思えるので、ふだん私たちは気づいていなかったり、「そんなことは（夫として、妻として）やるのがあたりまえ」と過小評価しがちです。

しかし、長年にわたって関係が良好な夫婦の多くは、ギブ・アンド・テイクをきちんと認識していて、しかもバランスがとれています。ギブ・アンド・テイクのバランスとは、つまり自分がパートナーのためにしてあげていること（give）があり、それをパートナーがきちんと認識し、それに見合うだけのものをパートナーから得ること（take）ができるということです。意識としては、「私はパートナーのためにこんなことをしている。そのことをパートナーはきちんと認めてくれていて、私のためにこんなことをしてくれている」と感じられ、しかも二人がそのように思えることです。

ところが、葛藤状態にある夫婦や、良好な関係が続かない夫婦は、この公平性が保たれていない状況にあります。多くの場合、「give＞take」と感じています。つまり、一方あるいは二人がお互いに、give が take を大きく上回っている状態として認識しています。「私はパートナーのためにこんなにたくさんのことをやっている。それにもかかわらず、パートナーは私を大切にしていない。私が与えているだけに見合うものを返してくれない」と感じているのです。

たとえば、中高年の女性のうつの問題に、このようなギブ・アンド・テイクのアンバランスの問題がかかわっていることがあります。もともと仕事をもっていた女性が、結婚して子どもができたことをきっかけに、退職して家事と子育てに専念してきたとしましょう。夫は仕事に忙しくて家事にも子育てにもなかなかかかわれなかったのですが、「いつもありがとう」という感謝の言葉をかけることを忘れず、青年期になった子どもも「お母さんのつくる食事はおいしい」と喜んでいれば、妻が夫や子どもたちのために give してきたことが正当に評価され、感謝という take を得られてバランスがとれますし、自己評価も安定し、心の健康も保たれるでしょう。

しかし、反対に、夫が「僕は外で働いているんだから、きみが家のことをやるのはあたりまえだろう」という冷たい態度を取り続けてきたり、子どもも母親に感謝することなく、何でもやってもらってあたりまえという傲慢な態度をとっているとしたら、妻が夫や子どもたちのために give してきたことが正当には評価されず、take できることが十分ではないので、「一体私の人生は何だったの？」と自問自答したり、自己評価が下がることも十分にありえます。そして、それがうつの問題の大きな要因にもなります。

ここで難しいのは、give にしても take にしても、きわめて個人の主観的な感覚や価値観に基づいていて、絶対的な正解はないということです。ある二十代の専業主婦の妻は、二十代後半の夫の年収が一千万円だということに強い不満を抱き、しばしばそのことで夫婦はけんかをしていました。不満の大きな理由は、妻の大学時代の友人の夫はもっと高収入だからというものです。妻からすれば、「私は専業主婦としてたくさん give しているのに、夫からはそれに見合うだけの十分な take がない」と見えるし、夫からすれば、「二十代で一千万円稼ぐなんていうのはかなり高収入で、しかも子育てにも積極的にかかわっているし、十分妻に give している。それにもかかわらず、妻はほかの家庭と比較して文句を言うので、妻からは十分に take できていない。不公平だ」と感じるわけです。二人とも、自分の見方や感じ方が正しいと思っており、お互いに自分のほうが「give ＞ take」の状態にあると考えていて衝突しています。

しかし、ある四十代の妻は、夫の年収が五百万円でも不満を感じておらず、毎月の給料日には「ご苦労様でした」と声をかけるのを欠かさないできました。夫の毎月の収入が夫から妻への give だとすると、妻から「ご苦労様」と言われることが夫には take にあたり、ギブ・アンド・テイクのバランスがとれているのです。妻は、「夫が家族のために一生懸命働いてくれているのだから（take）、自分が家のことや子どものことを責任もってやる（give）のはあたりまえ」と思っていましたし、夫が「おいしい」と言って料理を食べてくれること（take）はとてもうれしいことで、ギブ・アンド・テイクのバランスがとれているのです。

二人の関係に不満を感じている夫婦の多くは、お互いの関係の中でのギブ・アンド・テイクがアンバランスになっていて、不公平な関係になっていることが少なくありません。また、実際には公平なギブ・アンド・テイクがされているにもかかわらず、お互いにそのことが見えずに不満を抱いているということもあります。いずれにせよ、ギブ・アンド・テイクのバランスがとれていないことによって、うつなどの心身の症状、夫婦の激しい衝突、浮気などの問題につながることがあるのです。そして、自分がパートナーにgiveしていることは意識しやすいのですが、パートナーが自分にgiveしてくれていること、つまり自分がパートナーからtakeしていることはなかなか気づきにくいので、二人の関係を冷静に見つめ直すことも、ときには必要です。

## 2　夫と妻を結びつける親密さ

「親密」という言葉は日常的にもよく使われます。通常は「仲がよい」とか「けんかをしない」とか「考え方や価値観が似ている」ということを意味するでしょう。カップル・セラピーにおいても、夫婦・カップル関係における親密さは大変重視されていますが、その意味は大きく異なります。米国の女性心理療法家レーナーは、親密さを「自分が自分らしくいられ、相手のその人らしさも承認できるような関係」と定義しています。そして、自分が自分らしくいられるためには、「相手に対して重要な事柄を率直に語ることが必要」であり、相手のその人らしさを承認できるということは、「相手を変えたり説得したり直したりという要求を抱かずに、自分と異なる考えや感情や信念を持った他者と情緒的な関係を持てること」だとしています（Lerner, 1989）。つまり、単に「仲がよい」とか「けんかをしない」とか「考え方や価値観が似ている」ということではなく、お互いに自分は自分であるというアイデンティティの感覚、言い換えれば独立した個人としての意識をしっかりともっており、そのうえで自分とは異なる個性をもったパートナーに情緒的に近づくことができ、さまざまなことを共有できる関係です。したがって、親密な関係の大前提として、二人それぞれの自分らしさにもとづく違いがあるので、常に考え方や感じ方が同じというわけではなく、いつも楽しく仲よく過ごせるとはかぎらないのです。むしろ葛藤が生じることもあたりまえで、それでもお互いに向き合っていける関係なのです。そうした親密な関係にはいくつかの要素があります。ここでは、米国のカップル・セラピストのウィークスとトリートの考えを参考にして説明しましょう（Weeks & Treat, 2001）。

## 1　楽しむこと

あなたは、パートナーと楽しく過ごせる時間がありますか？　親密さの第一の要素は、楽しむことです。自分自身の楽しみを大切にすること、パートナーの楽しみを認め受け容《い》れること、そして、二人が一緒に楽しめる時間も大切です。恐らくほとんどの夫婦・カップルは、つきあいはじめた当初や新婚期は、楽しむことをとても大切にしているでしょう。しかし、時間の経過とともに、仕事や子育ての忙しさなどさまざまな理由で、徐々に楽しむことがなくなってきているかもしれません。「仕事が忙しくて、楽しむ時間を確保できない」「パートナーとは、子どものことしか共通の話題がない」「子どものために時間を使うことばかりで、パートナーと二人で行動をともにすることがなくなった」といった嘆きは、多くのカップルから聞かれることです。

カップル・セラピーでは、来談したご夫婦に、「一か月後の次の面接までに、二人で食事に出かけたり映画を見に行くなど、デートしてきてください」という課題を出すこともあります。二人でいる時間を心地よく過ごせることは、親密さの基盤でもあるのです。

## 2 お互いをケアすること

ケア（care）とは、世話をする、配慮する、いたわる、心配する、といったさまざまな意味がありますが、お互いにパートナーのためにさまざまなケアをしているかどうか、そしてそれがパートナーにきちんと伝わって認識されているか、二人で共有できているかどうかも重要です。しかし、自分は一生懸命パートナーをケアしているのに、パートナーが気づいていなかったり過小評価していたり、あるいはパートナーが求めているケアとは違うケアを一生懸命しているというような場合は、せっかくケアをしているのに二人で共有できていません。理想的にはフィフティ・フィフティで相互にケアできればよいのかもしれませんが、現実的にはさまざまな事情でどちらかがより多くケアをしているという夫婦が少なくないと思います。

従来は、家庭の中では、妻が夫に対してケアすることが多かったのかもしれません。妻が夫のために食事の支度をしたりアイロンがけをしたり、収入を得てくることに感謝するのが当然と考えられ、夫がきちんと妻に感謝しねぎらうというケアをしないことが妻の不満になっていることが多かったようです。しかし最近では、家庭における夫の役割が重視されるようになり、夫が仕事で多忙でも家事や子育てに積極的にかかわったうえに妻のぐちをきくなどしてケアしても、妻がそれ以上のケアを要求する夫婦もあり、夫のほうが不満を訴えることも増えてきました。

## 3　二人の関係を守ること（図３）

夫婦の関係を危うくするものはさまざまです。仕事やそれに伴うストレス、子育て、実家との関係、友人とのつきあい、趣味への没頭など、さまざまなものが二人の関係に割り込んできます。仕事も、子どもも、実家も、友人も、趣味もそれぞれ大事ではありますが、二人の関係とは一線を画す必要があります。つまり、二人の親密さを保つためには、夫婦として一緒に過ごす時間や空間を確保したり、二人で話し合ってさまざまなことを決めていくなどしたりして、自分たちの関係を守っていかなければなりません。

たとえば、夫婦で過ごす時間が少ないゆえのさみしさを実家の親と過ごすことで埋め合わせたり、夫の仕事が大変で子育てにかかわれないために実家の親を頼るということが必要なときもあるでしょう。しかし、それによっていつ

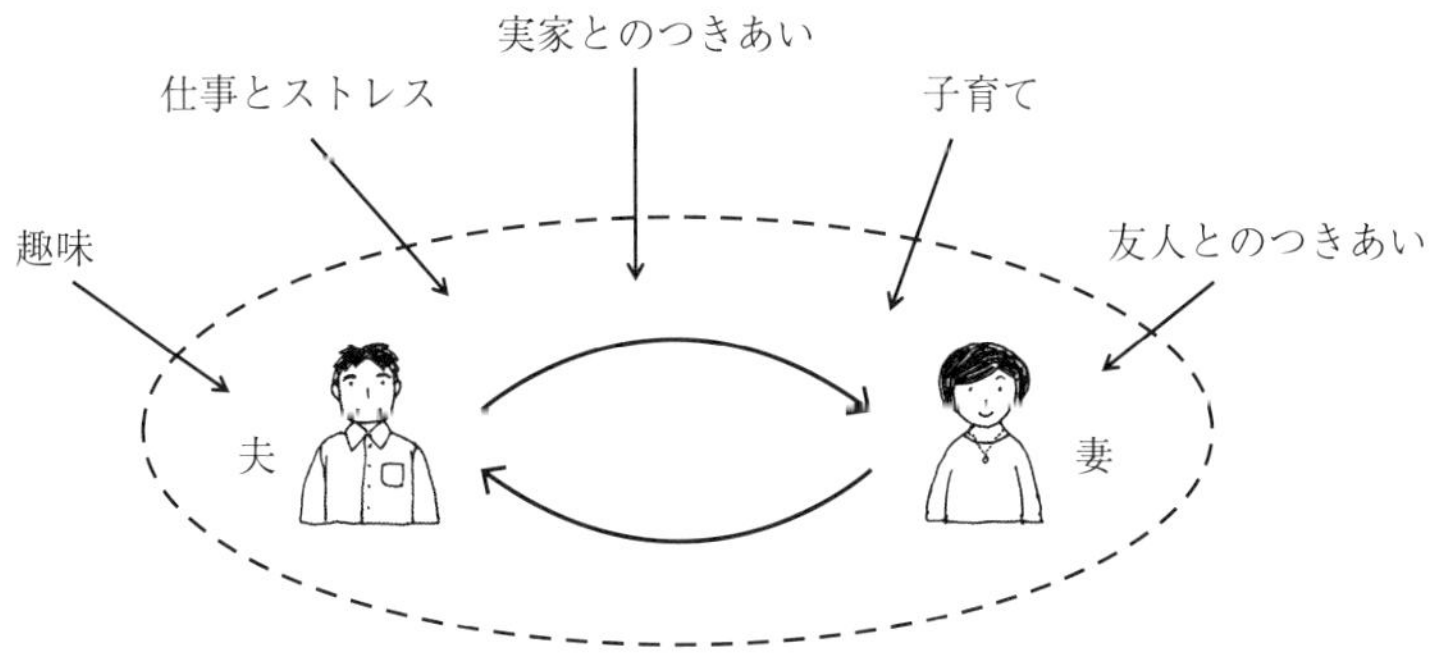


図３　二人の関係を守ること

の間にか妻と実家との関係が密接になり、夫がかかわらないのがあたりまえになると、一見すると大きな問題は見えないものの、夫婦としての絆が徐々に損なわれていく可能性があります。結婚後も実家との関係は非常に重要ですが、ときにそれが夫婦の関係を脅かす要因になってしまいます。

また、スポーツや音楽など趣味に没頭する夫は少なくありませんが、もし夫が平日は仕事に追われ、休日は妻をおいて趣味に没頭しているとしたら、それは二人の関係に趣味の世界が割り込んで二人が親密になることを妨げている状況であり、妻は不満を爆発させるかもしれません。

## 4 自分とパートナーをありのまま受け容れること

誰にでも長所もあれば短所もあります。恋愛期間や新婚当初は、お互いに相手の肯定的な側面だけに注目して、否定的な側面を見ていなかったり、パートナーのよいところを自分に言い聞かせたりすることが珍しくありません。また、自分のよいところだけをパートナーに見せるようにして、都合の悪いところや嫌いなところ、嫌われそうなところは見せないように努力するでしょう。ところが、結婚して毎日生活をともにしていくなかで、パートナーの否定的な側面が目につくようになり、自分が隠しておきたいところまでパートナーに知られてしまう可能性があります。お互いに、今までは知らなかったパートナーの姿に触れ、現実に直面することになります。

しかし、ここからが本当に親密な関係のスタートです。自分自身のよいところも改善すべきところも含めてありのまま受け容れること、そして、パートナーのよいところも変えてほしいところも含めてありのまま受け容れることが大切です。このようにお互いをありのまま受け容れるとは、言い換えれば、お互いに人間として完璧ではなく不完全だし、弱いところもあると認めてつきあっていこうとすることです。自分の要求や期待に一〇〇パーセント応えてくれる人など、世の中にはいないと思っていたほうがよいでしょう。それと同時に、パートナーの要求や期待に一〇〇パーセント応えることもできないのです。

パートナーをありのままに受け容れることができないと、結婚したことを後悔したり、ほかの異性に関心が向いたりするかもしれません。あえて冷めた言い方をすれば、パートナーよりも素敵で魅力的な異性は、世の中にはたくさんいるでしょう。しかし、パートナーにとっても、あなたよりも素敵で魅力的な人は、世の中にたくさんいるかもしれません。そして、その素敵で魅力的な人にも、実はパートナーとは違う欠点や短所はあるのであって、一〇〇パーセント完璧な人ではないのです。「理想のパートナー」を求めて、独身時代に次々と恋人を替えていく人、相手を替えれば幸せになれると思って安易に離婚し再婚する人もいますが、自分もパートナーも完璧にはなれないという現実から目を背けていても、親密な関係は育たないでしょう。

## 5　二人の関係に責任をもつこと

二人の間で何か葛藤や問題が生じたときに、すべてを相手の責任にして自分を正当化したり、反対に本当は相手にも責任があるにもかかわらず、すべてを自分の責任にして自分を責めるということは、決して珍しくありません。しかし、夫婦の間で起こるいろいろな葛藤や問題は、多くの場合、どちらか一方だけでつくり出されるのではなく、二人がかかわり合っているなかで次第に大きくなっていきます。どちらか一方の責任として事態を早く収集できたとしても、加害者と被害者のような関係になっているとしたら、それは真に親密な関係とはいえません。

三十代の共働きのある夫婦は、家事と育児の分担をめぐってしばしば衝突していました。お互いに自分の仕事がいかに大変かを主張し譲らず、話し合おうとするといつもけんかになり、けんかの原因は相手が頑固で自分中心に考えているからだと思っていました。しかし、繰り返してきたけんかのなかで、自分がパートナーから傷つけられたことだけでなく、自分もパートナーを傷つけてきたことを直視し、お互いに相手の話に耳を傾けるようになって冷静に話し合えるようになり、離婚の危機を乗り越えることができました。

二人の関係がうまくいかないとき、私たちはついどちらかを悪者にして解決しようとします。しかし、それがかえって事態を悪化させることにもなりかねません。二人の間に葛藤や問題が起こったら、パートナーの問題ばかり指摘するのではなく、自分がパートナーに与えている影響にも目を向ける必要があります。

## 6　謝ることと許すこと

たとえお互いにパートナーに対する思いやりや配慮があったとしても、思わぬ言動によってパートナーから傷つけられたり落胆させられたりすることも起こります。それによって強い怒りを感じることもあるかもしれません。反対に、自分の悪意のない何気ないささいな言動が、パートナーを深く傷つけてしまうこともあります。

そのようなことが起こったとき、少し時間はかかるかもしれませんが、お互いに話し合っていくなかで、謝ったり許したりすることができれば、二人の関係はより親密になるでしょう。きちんと謝ること、許すことは、二人の関係をより親密にします。

とはいえ、何でもかんでも許せばよいというものでもありません。もし、パートナーが暴力を振るい、その後に謝ったとしたら許せばよいのでしょうか。あるいは、パートナーが浮気をして、「もう二度としないから許してほしい」と言ったら、許せばよいのでしょうか。このような場合、簡単に許してしまうと、再び同じ問題を繰り返すことになりかねません。二人の関係を根底から脅かすこれらの行為は、された側の恐怖や怒りや悲しみが十分理解されたうえでないと、本当の意味での許しには到達しません。

## 7 傷つきやいたみを分かち合えること

夫婦が喜びや楽しさやうれしさといった肯定的な感情を共有することは、それほど難しくないでしょう。しかし、毎日の生活の中では、パートナーとの関係でも、またほかの人との関係でも、仕事においても、傷ついたり悲しくなったりさみしくなったりすることがあります。そのようなときに、そうした一見すると否定的な感情をパートナーに表現して共有することができるかどうかも、親密さの一つの要素としてたいへん重要です。

たとえば、仕事が思うようにいかず落ち込んでいるとき、子育てのストレスでイライラしているとき、親が亡くなったときなどに、不安や傷つき、悲しみやつらさ、怒りや憎しみなどの感情をどう二人で分かち合えるでしょうか。結婚式の誓いで、「健やかなるときも病めるときも」という言葉があります。健やかなとき、楽しいとき、うれしいときに二人で共有することももちろん大切です。しかし、人生はよいときばかりではありません。病めるとき、傷ついたとき、つらいときに、お互いに気持ちを共有することは容易ではありませんが、これができると、パートナーは一番の理解者となり心の支えとなって、二人の絆はいっそう確かなものになるでしょう。

とはいえ、これも決して容易ではありません。たとえば、妻は子どもに対してイライラしてしまい、母親としての自信を喪失して自己嫌悪に陥っているつらい状況で、夫からのなぐさめとねぎらいを求めているにもかかわらず、夫は夫で職場で大きな問題に巻き込まれ、心身ともに疲れ切っていてとにかく休みたいと思っており、妻をケアする余裕がないどころか、自分自身もケアされたいのにされない状況にあるといったことも起こりえます。つまり、夫婦がそれぞれ大変な状況に置かれてしまっていると、もともと強い絆で結ばれていた夫婦であったとしても、お互いに支え合うことが容易ではなくなるのです。

## 3　親密さへの恐怖

さて、夫婦の親密さとは、単に仲がよいとかけんかをしないということではなく、とても奥が深い成熟した姿であることがおわかりいただけたのではないかと思います。きっと多くの人が、パートナーと親密な関係を築きたいと思っているでしょう。しかし、現実にはそれを妨げるような心理が私たち自身の中にあることが指摘されています。それを親密さへの恐怖といいます。ウィークスとトリートの考えを参考にして説明しましょう（Weeks & Treat, 2001）。

### 1　依存に対する恐怖

夫婦における親密さとは、お互いにパートナーを必要とし支え合うことです。それは、健康な甘えや適切な依存と言い換えることもできます。しかし、「依存することはよくない」とか「何でも自分でやることが大切」、あるいは「人を頼ることは弱いということだ」と強く信じている人は、パートナーに適切に依存できません。つまり、自分から甘えたり頼ったりできず、困った状況にあっても相談しようとしないで、自分だけで解決しようとします。とても自立的でしっかりしているように見えるのですが、実はパートナーに依存するのが怖いのです。なぜならば、「依存すること＝弱いこと」と勘違いしているからです。

また、そのような人はパートナーの適切な依存を理解し受けとめることが難しくなります。自分がパートナーに依存しないので、依存したい、甘えたい、支えてほしいというパートナーの気持ちが理解できないのです。そのため、パートナーが甘えたり頼ったりしようとすると、「自分のことは自分で何とかしたら？」とか、「それは僕（私）には関係ない」とはねつけたりします。そのようにされると、パートナーは拒絶された感じになり、結果的に二人の心理的な距離を縮めることが難しくなります。

一方で、依存に対する恐怖をもっている人は、自分はパートナーに依存することはできないけれど、パートナーが自分に依存することを無意識的に期待していることがあります。パートナーが甘えたり頼ったりしてくることを、表面的には否定しても無意識に受け入れてしまいます。時には、パートナーがアルコールの問題などいわゆる依存症の問題を抱えていて困っているにもかかわらず、まるで自分の問題であるかのようにしてパートナーを受け入れすぎてしまい、その関係から離れることができない場合もあります。

このように、パートナーの依存を受けとめられない人と受け入れすぎる人の二つのタイプがあるのですが、いずれも共通しているのは、自分のほうからは依存しないという点です。そして、依存的な人をパートナーとして選ぶ傾向があるということです。なぜならば、自分自身からパートナーに近づいていくことが難しいので、自分に近づいてくれる人や自分を必要としてくれる人と一緒になることで、関係をつくろうとするのです。

依存に対する恐怖をもっている人は、「しっかりしなさい」「自立的になりなさい」「強くなりなさい」「弱さを見せちゃダメ」というようなメッセージを、幼い頃から親やメディアなどから受けてきたかもしれません。また、非常につらい家庭環境の中で育った人が、誰にも頼らずに一生懸命がんばって生きてきた結果として身につけていく場合もあります。どちらかといえば、女性よりも男性によく見られる恐怖ですが、最近では女性にも増えてきたように思われます。

## 2 自立に対する恐怖

依存に対する恐怖とは対照的に、自立に対する恐怖をもっている人もいます。すでに述べたように、親密さには、お互いに自分は自分であるというアイデンティティの感覚をしっかりともっていることが必要ですが、「自分は弱い」「誰かに助けてもらわないと生きていけない」「人に頼ることが当然」「自立したら孤独になるのではないか」「自分の人生に対して、自分で責任を負いたくない」と強く思っている人は、パートナーと適切な心理的距離をとることが難しく、常にパートナーの存在を身近に感じ、依存的な欲求が満たされていないと安心できません。そのため、自分に自信がもてず日頃から不安を感じがちで、受け身的な傾向が強く、パートナーに対して適切な自己主張ができない、パートナーが困っていて助けを必要としていても支えることができない、といった問題が生じます。また一方で、自立に対する恐怖が攻撃的で支配的な言動として現れる人もおり、パートナーが自分の依存的な欲求を満たしてくれないといって不満をぶつけ、受け身的かつ攻撃的な姿勢を頑として変えようとしない人もいます。

この自立に対する恐怖をもっている人は、「誰かに頼って生きたほうがよい」「受け身的でいることが大切」「自分が幸せになれるかどうかはパートナー次第」といったメッセージを、生まれ育った家族やメディアから取り込んできた可能性があります。どちらかといえば、男性よりも女性によく見られる恐怖かもしれませんが、最近は男性にも見られるようになってきました。

## 3　優しさに対する恐怖

多くの人は、パートナーから優しくされ大切にされることを望み、自分もパートナーに対してそうありたいと願っているでしょう。しかし、時に衝突を繰り返してお互いに不満を抱きながらも、その関係に埋没してしまっているカップルがいます。お互いにパートナーを傷つけるようなことをいい、優しさやあたたかさを実感できず、決して二人の関係に満足しているわけではないのに、その関係を変えるような試みがなかなかできません。

たとえば、長年けんかばかりしていた夫婦が、年老いて一方が亡くなった後、遺されたパートナーがひどいうつ状態に陥ることがあります。あれだけけんかをしてパートナーの不満ばかり言っていた人が、まるで別人のように嘆き悲しむという姿は、まわりからはなかなか理解できないかもしれませんが、決して珍しいことではないでしょう。

実は、夫婦関係において、優しさはすべての人にとって心地よく受け入れられるわけではありません。パートナーに優しくされると、「本当にこれって現実なの？」と疑いたくなったり、あるいはまるで自分が幼い子どものように甘えてしまうのではないかと不安を感じていたりします。反対に、自分がパートナーに優しくすることによって、強い恥の感覚を感じたりします。

つまり、このような優しさに対する恐怖を抱いている人が、表面的にパートナーに見せる攻撃的な言動は、実は自分の本当の姿を隠すための鎧なのです。そして、二人が衝突することでストレスを感じるものの、皮肉なことに一方ではそれによってパートナーとの結びつきを実感できる安心材料にもなっています。そのため、パートナーから攻撃的な言動を向けられ傷つけられても疑問を抱かなかったり、自分がパートナーに対して攻撃的に振る舞っていないと不安を感じたり、頻繁にぶつかり合うような関係であるにもかかわらず、その関係から離れることができなくなっていたりします。まわりからは、「もっとあなたのことを大切にしてくれる人とつきあったら？」「そんなパートナーとは別れたほうがいい」「もっとパートナーに対して優しくしてあげないとダメ」「けんかばかりしていてどうして一緒にいるの？」と言われることもあるでしょう。

このような夫婦・カップルの親密さをめぐる本質的な問題は、表面に現れているお互いの攻撃的な振る舞いよりも、その根底に潜んでいる二人の関係の中で優しさを実感することへの抵抗なのです。そしてそれは、幼い頃から戦うことによってつらいことを乗り越え、一生懸命生きてきた歴史が背景にあるからかもしれません。

ある女性タレントが結婚するとき、次のようなことを言っていたのが印象的でした。「私は小さい頃から親の借金や離婚でとても苦労してきて，そういうつらくて苦しいときにどうやって戦えばいいのかはよくわかっているけれど，でも，結婚して幸せになれるかもしれないと思ったら，かえって不安になっちゃった。戦わなくていいのは安心できるはずなのに」。自分の中にしみついているある種の「クセ」から自由になるのは，たとえ幸福につながることであったとしても，それほど簡単なことではないのかもしれません。

## 4　感情に対する恐怖

親密なカップルは，さまざまな感情を表現し共有できます。自分の気持ちがきちんとパートナーに伝わり，理解され，受けとめられること，そして，パートナーの気持ちを理解し受けとめることによって，二人の絆はより強いものになります。しかし，自分自身の感情に気づかなかったり，表現できなかったりする人も少なくありません。そのような人の多くは，感情よりも論理や理屈のほうが大切だと思っており，性格的にはたいへんまじめで理性的で，そして時に頑固かもしれません。本人は「感情を恐れている」つもりはないことが多く，「自分の気持ちなんてわからない」とか，「自分の気持ちを聴いてほしいと思ったことなんてない」「パートナーの気持ちを聴いたからといって，それで何か解決するの？」と思っていたりします。つまり，カップルという関係の中で，感情を過小評価しているのです。

こうした傾向はどちらかといえば男性によく見られますが，最近は女性にも増加しているようです。また、本人が感情に対する恐怖をもっている場合、感情的な人をパートナーとして選択する傾向があるといわれています。つまり、感情を軽視している人と重視している人が一緒になるのです。こうした関係の中で起こる葛藤については、第3章であらためてとりあげます。

では、なぜこのような感情に対する恐怖をもつようになるのでしょうか。生まれ育った源家族の中での感情表現の問題と、しつけや文化の影響が大きいと考えられます。たとえば、源家族の中で、激しく感情をぶつける人や不安定な精神状態の人がいた場合、あるいは、幼い頃から激しいけんかを頻繁に見てきた場合、感情をシャットアウトして何も感じないようにすることで、自分を守ろうとすることがあります。また、子どもとして素直な感情を表現しても、頻繁に否定されたり、無視されたりすることを繰り返し経験すると、「自分の気持ちを表現しても、どうせわかってもらえない」とか、「自分の気持ちが間違っているのかもしれない」と思うようになり、感情表現に対して無力感を募らせてきた可能性があります。

この恐怖をもっている人に、いきなり自分の気持ちを表現させようと思ってもうまくいきません。それよりも、「考え」として話していることの根底に隠されている気持ちに気づくことが大切です。また、この恐怖をもっている人は、パートナーの気持ちを理解するのも難しいですから、まずはパートナーをよく観察して、パートナーの心の中で起こっていることを想像することを試みるとよいでしょう。観察することでパートナーへの関心が強まり、少しずつ細やかにパートナーの心を想像できるようになると、気持ちも理解できるようになるでしょう。

## 5 怒りに対する恐怖

感情の中でも、最も扱いが厄介で多くの人が困っているのが怒りです。たとえ長い間良好な関係を保っている親密なカップルであっても、お互いに怒りを感じたりぶつけたりすることは時にあります。怒りは、誰もが感じる感情であり、避けて通ることのできない問題です。

怒りに対する恐怖には、二つのかたちがあります。その一つは、パートナーから怒りを表現されることを恐れるあまり、パートナーの言動に対して過剰に警戒心を抱き、安心感を抱けないというものです。もちろんパートナーが実際に暴力を奮ったり暴言を吐くような場合は別です。そうではなくて、パートナーがちょっとぐちをこぼしたり不満を言ったりするだけで、「責められた」「怒られた」「否定された」「自分が悪いのではないか」と感じて、びくびくおどおどしがちだとしたら、親密な関係を築くのが難しくなります。

もう一つのかたちは、自分の怒りによってパートナーを傷つけるのではないかと恐れるあまり、パートナーと距離をとろうとするものです。パートナーに対する小さな不満や疑問を感じても、それを適切に表現することができないために、無意識のうちに怒りをぶつけてパートナーを傷つけてしまうのではないかという不安が生じ、無口になったり、距離をとってかかわらないようにすることで、パートナーを傷つけないように自己防衛します。そして、自分の素直な気持ちを表現することが難しくなり、コミュニケーションが閉ざされてしまいます。

自分の怒りをどのようにして適切に表現できるか、そしてパートナーの怒りをどう理解し対処できるかは、源家族での体験や友人関係の影響を受けています。安易に怒りが表現され攻撃的な言動があたりまえのような人間関係の中で成長し、さまざまな傷つきを体験してきた人は、なるべく怒りを避けようとします。それは、ある意味で自然なことでしょう。また、反対にまったくけんかをしない家族の中で育ってきた場合、あるいは葛藤を避ける傾向の強い家族の中で育ってきた場合も、怒りの感情を適切に扱うことに慣れていないため、お互いに怒りを適切に表現し、理解し合い、より親密になるということが難しくなります。

安易に怒りをぶつけることは望ましくありませんが、だからといって怒りを軽視したりためこんだりすることもよくありません。怒りを適切に表現する方法を身につける必要があります。これについては、「第11章　感情表現とアサーション」で詳しく述べます。

## 6　コントロールを失うこと、コントロールされることに対する恐怖

夫婦・カップルが親密な関係を築いていくうえで、それぞれが独立した個人であることと二人のユニットであることをうまく両立させていく必要があります。二人であるとは、自分がパートナーにかかわっていくことであり、またパートナーが自分にかかわってくることでもあります。したがって、お互いに望むときに望むかたちでかかわろうとするとはかぎらないので、時には煩わしさを感じることがあって当然です。

しかし、独立した個人であることを強く求める人は、パートナーと親密になることによって、干渉される、自由が奪われる、コントロールされる、自分らしさを失ってしまうという不安を無意識のうちに感じるために、パートナーからのかかわりを拒否したくなります。物理的に離れていたほうが気楽さを感じたり、時間と空間をともにすることに苦痛を感じたり、心理的に近しい関係を望まなかったりします。このような人は、「夫婦といえども個人と個人」と正当化しているかもしれませんが、心の奥底に「パートナーと近づくことによって自分自身を失ってしまうのではないか」という恐怖をもっているかもしれません。

そうした人は、子どもの頃に親が非常に過干渉だったり過保護だったりした可能性があります。こまごまと親に口をはさまれた体験があり、そこから自由になりたいと思っていたのですが、結婚後のパートナーと親の姿がダブってしまい、自由を奪われるような不安を抱いているのです。また反対に、非常に放任的な親の元で育ち、ほとんどかまわれた記憶がないような人にとっては、結婚したパートナーの自分に対するかかわりは、これまでに経験したことのない「干渉」や「支配」として経験されることがあります。

## 7　拒絶されること・見捨てられることに対する恐怖

誰でもパートナーから嫌われたくはありませんが、自分がパートナーから拒絶されるのではないか、見捨てられるのではないかという強い恐怖心をもちやすい人もいます。些細なことでも、

「拒絶されるのではないか」「嫌われるのではないか」「遠くへ行ってしまうのではないか」「別れたいと言われるのではないか」という恐怖を感じてしまいます。

その恐怖から自分の身を守る方法は二つあります。一つは、悪い結果を予測して、ダメージを最小限にするため、パートナーに心理的に近づかないようにして、自分を守ろうとするものです。簡単にいえば、「本気で好きにならないようにする」とか、なるべく距離をとってつきあうとか、自分にとってのパートナーの存在をなるべく小さなものにしておくということです。そうすると、当然パートナーとはあまりかかわろうとしなくなるので、パートナーからすれば、自分に対する愛情がないのだと勘違いする可能性があり、結局別れるということにもなりかねません。「石橋を叩いて渡る」ということわざがありますが、この場合は、「石橋を叩き続けて渡らない」とたとえることができるかもしれません。

一方、拒絶されること・見捨てられることに対する恐怖から自分を守るために、パートナーにしがみつこうとする人もいます。なるべく好かれようと必死に努力したり、いつも一緒にいてパートナーの愛情を確認したがったり、ときには親を追いかけ回す幼児のように振る舞ったりします。しかし、パートナーは、初めはこのような行動を愛情や情熱として受けとるかもしれませんが、次第にうとましさを感じるようになり、最終的には関係を切りたくなることがあります。つまり、見捨てられないように必死に追いかけ続けたことが、見捨てられる事態を引き起こすのです。この場合は、「石橋を叩きすぎて壊す」とたとえることができるかもしれません。

このような恐怖をもっている人は、結婚前の親との関係や友人関係において、何らかのつらいかたちでの別れを経験していたり、自分自身を否定されたと感じられるような経験をしてきたのかもしれません。したがって、パートナーとの関係に自分の過去の体験がどのような影響を与えているのかを見つめ直すことが必要かもしれません。そして、パートナーとの関係で不安を感じたらちょっと立ち止まって冷静になり、「本当にそんなに不安になることなのだろうか？」と再検討してみるとよいでしょう。

さて、パートナーと親密になることを恐れる心理について説明しましたが、思いあたるものはあったでしょうか。おそらく、程度の差はあれ誰でもいくつかの恐怖をもっていると思います。もしかしたら、パートナーのことを思い浮かべ、「あの人はこの恐怖をもっているんだ」と分析したくなったかもしれません。もしそうだとしたら、パートナーの問題を責めるのではなく、パートナー自身が気づいていない苦しみやつらさや葛藤を理解する手がかりにしてください。そして、それ以上に自己理解に役立ててください。

# 第３章　夫婦・カップルを悩ませる自分と相手の違い

男性と女性は、生物学的な違いはもちろんのこと、コミュニケーションや対人関係のあり方など、さまざまな面で違いがあります。それらは、基本的な脳の機能の違いを基盤としつつも、幼い頃からの家族体験や文化、メディアや社会全体で共有されている価値観の影響などを受けて形成されます。そして、夫婦という関係の中で、時にパートナーに対する不満や夫婦間の葛藤や衝突につながります。この違いを知ることは、パートナーのことをよりよく理解できるようになるだけでなく、自己理解にもつながり、二人の間に起こる葛藤や衝突に対してより冷静に対処できる可能性が高まるでしょう。もちろん、ひとくちに男性といってもきわめて女性的な特徴をもった男性も少なくないですし、非常に男性的な女性も珍しくありませんから、男性はこうで女性はこうというステレオタイプをあてはめてわかったつもりになるのは危険です。しかし、筆者のカップル・セラピーの経験では、夫と妻が一般的な男性の特徴や女性の特徴を理解していないために、多くの夫婦が共通して体験する葛藤や問題であるにもかかわらず、非常に深刻なものに発展してしまっていることが少なくありません。

# 1　人間関係と問題解決、どちらが大切か？

## 1　葛藤や問題に直面したときの取り組み方の違い

海外では、男女の違いから生じる夫婦の衝突を描いたこんなジョークがあります。

妻「ねえ、私、頭が痛いの」

夫「じゃあ、頭痛薬を飲めば？」

妻「あなた、何もわかっていない!!（怒り）」

夫「？？？」

この短い会話の中で、何が起こっているのでしょうか。夫は、「頭痛を治すためには、薬を飲んだほうがいい」と妻のことを心配して妻のためを思ってこのように言っているのでしょう（妻にはそのように聞こえない場合が多いのですが）。しかし、妻からすれば、頭痛薬を飲めばいいのはわかりきったことで、夫からは優しい言葉や心配やねぎらいの言葉を期待していたのに、その期待が裏切られ、失望し、怒りを感じたのでしょう。

筆者は、これまで企業などでアサーションやメンタルヘルスに関する研修を行う際、この夫婦の会話を呈示し、男性の参加者に「なぜこの妻は怒ったのか、理解できますか？」と尋ねてきましたが、九割以上の男性は理解できませんでした。「だから男はどうしようもない」というのは簡単ですが、それでは何の解決にもなりません。実は、この短い会話の中に、男性と女性の違いの一端が表れています。それは、人間関係維持志向と問題解決志向という違いです。人間関係維持志向とは、家族の人間関係や組織などの集団生活において、お互いの人間関係を良好に維持しようという志向性をもった価値観であり言動です。一方、問題解決志向は、そうした人間関係や集団の中で、葛藤や問題を解決することを重要視する価値観であり言動です。

多くの女性は、家庭生活の中で問題解決志向よりは人間関係維持志向が強く、たとえささいなことであっても、会話によってお互いに共有しわかり合うことを求める傾向があります。とくに、気持ちをわかり合うことによって、精神的に支え合うことを重視します。したがって、たとえ葛藤や問題そのものが解決しなくても、支えられているという実感が心の安定につながります。一方、多くの男性は、職場の中ではもちろんのこと、家庭生活においても問題解決志向が強く、相手の気持ちに女性ほどには関心を示さず、葛藤や問題を解決するために「どうしたらよいか」を考える傾向があり、自分のアドバイスによって相手が望ましい方向に変化すれば、役に立てたと感じることができます。

このような違いは、どちらが正しいという問題ではなく、生かされる状況や関係とそうでない場合とがあります。人間関係維持志向は、家族や友人などの日常的な関係においては、お互いに心地よくいられるために非常に重要ですが、そこで何か話し合って解決しなければならないような問題や葛藤に直面したときは、これだけでは対応できません。

一方、問題解決志向は、職場では非常に重要で欠かせない態度ですし、家族の中でも話し合いの場面では必要です。しかし、相手の気持ちを考慮しない強い問題解決志向は、たとえその人の意見に正当性があったとしても、相手の心には届きません。たとえば、妻が何かに困っていて夫に相談すると、「細かいことはいいから、まず結論を先に言え」というような態度です。もちろん、妻の表現が回りくどかったり不明瞭だったりするのかもしれませんが、夫婦での話し合いは、上司と部下との間の業務報告ではありませんから、問題解決志向にも限界があるのです。

## 2 自分が悩みを抱えたときの対処のしかたの違い

自分が悩みを抱えたとき、人間関係維持志向が強い人は、誰かとその悩みを共有し自分の気持ちやつらさをわかってほしいと思います。そのため、誰かに相談することに対して、抵抗感はさほど強くありません。そして、相談相手が自分の気持ちを理解してくれることで、自分の中にあった本来の力が発揮されやすくなります。しかし、場合によっては、自分で問題解決に取り組むことを放棄し、相談相手が自分に代わって解決してくれることを望むという過度な期待をもつことにつながり、それが失望や怒りになることもあります。また、家族や友人の誰かが悩みを抱えていると、必要以上に助けようとしすぎてしまい、巻き込まれてしまうことも起こります。一般的に、女性は男性よりも人間関係維持志向が強いですが、だからといって女性同士の関係で問題が生じないわけではは決してありません。たとえば、ママ友同士の人間関係で悩む母親は少なくないですが、良好な関係を維持することに気を遣いすぎて言いたいことが言えなかったり、結論が出ない話に長時間つきあわざるを得ないという状況も生じるでしょう。

一方、問題解決志向が強い人は、たとえ自分が悩みを抱えて苦しい状況にあったとしても、自分の力で何とか解決したいという気持ちが強いので、悩みを誰かに打ち明けたり相談したりするということには、抵抗を感じるでしょう。その結果、次第に自分を追いつめ、孤立してしまい、ますます問題解決が困難になる場合もあります。さらに、このように自分がうまくサポートを受けられないという傾向は、家族の誰かが悩んでいて支えを必要としているときに、「自分の悩みは自分で解決するのが当然」と見なして突き放したり、「どうしてあげたらいいかわからない」ので心配していることすら言えず、サポートしてあげられないためにパートナーが不信感を感じてしまうこともあります。

このように、人間関係維持志向と問題解決志向の違いは、パートナーとの関係での葛藤や問題として現れるだけでなく、時には自分自身を苦しめかねないのです。

## 3　人間関係維持志向と問題解決志向のバランス

人間関係維持志向も問題解決志向も、どちらが正しいとかより重要ということではありません。実は、誰でもこの二つの志向性はもち合わせており、相手との関係や場面によってどちらが表面化するかは異なるのですが、多くの人はどちらかに偏っています。そして、パートナーとの間で葛藤が生じると、パートナーの言動を問題視しがちで、自分の正当性を主張してパートナーが自分のようになることを求めます。しかし、お互いにその違いを認識しつつ、パートナーを変えようとするのではなく、パートナーに歩み寄る姿勢が必要です。つまり、先ほどの60ページの会話の例でいえば、夫は、アドバイスをする前に、頭痛を訴えている妻の気持ちを理解しようと話を聴くことを心がけることが必要でしょう。一方、妻のほうも夫が自分のためを思ってアドバイスしようとしていることを理解しつつ、自分は話を聴いてほしいということを落ち着いて伝えることが必要でしょう（図４）。

## 2　夫婦・カップル関係におけるジレンマと膠着状態

### 1　心の成熟度が結婚相手の選択に影響する

家族療法家のボーエンの概念の一つに、自己分化というものがあ

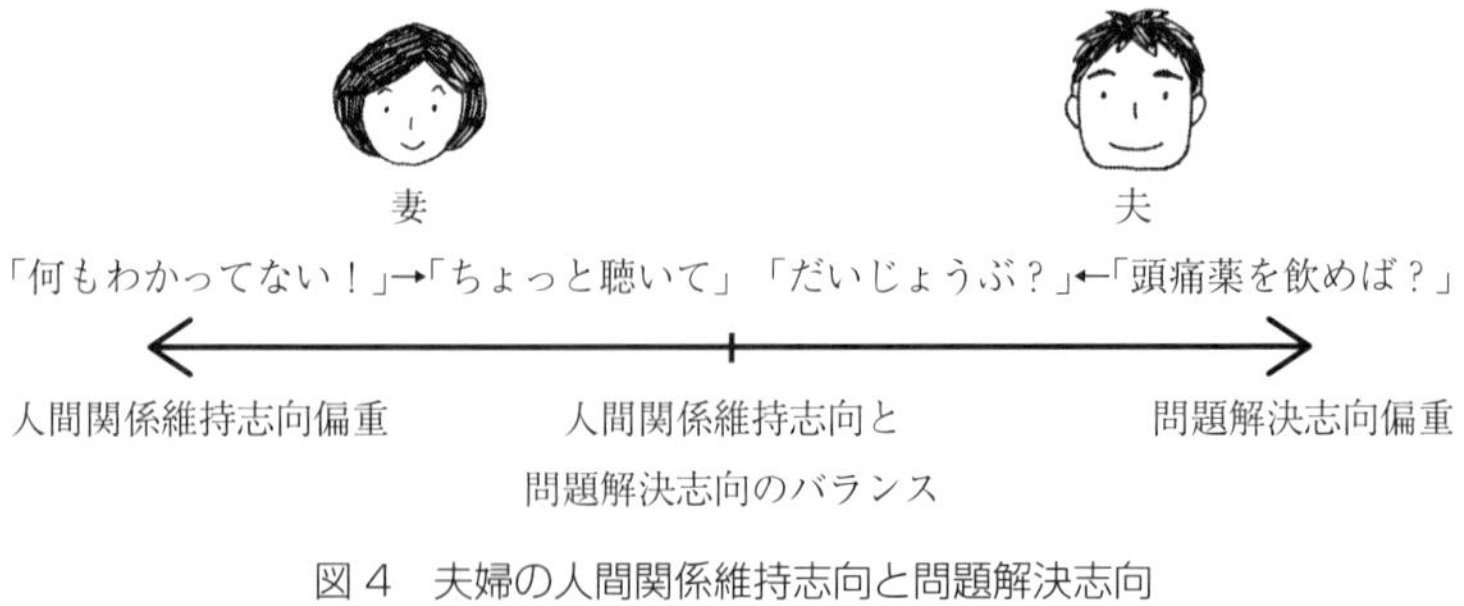


図４　夫婦の人間関係維持志向と問題解決志向

ります（Bowen, 1978）。私たちは、誰でも感情的な機能と知性的な機能をもっているのですが、どちらかの機能しか使えない場合、その人の自己分化度は低いと考えられ、ストレスや不安に直面したときに、不適切な言動をしがちだと考えられます。反対に、両方の機能をバランスよく使える場合、その人の自己分化度は高いと考えられ、ストレスや不安に直面しても、より適切に対処できる可能性が高くなります。そして、自己分化度が高い人は自分と同じように自己分化度が高い人を結婚相手として選択し、自己分化度が低い人は自分と同じように自己分化度が低い人を結婚相手として選択すると考えられています。言い換えれば、心理的に成熟した人は成熟した人を選択し、成熟していない人は自分と同じように成熟していない人を選択するということです。ただし、表面的にはこのようには見えない夫婦もたくさんいます。つまり、一方が非常に大人でしっかりしていて、他方がそうでなく見えるのですが、少し掘り下げて見てみると、自己分化度は必ずしも大きく異なるわけではないのです。

この自己分化度の問題が、夫婦の関係の中でどのように現れてくるのかについて、感情と論理のすれ違い、関係性と個別性の葛藤、そして自尊心の問題という三点から見てみましょう。

## 2　感情と論理のすれ違い

自己分化度の高い人は、感情も論理も両方うまく使うことができます。一方、自己分化度の低い人は、感情と論理のどちらか一方に偏っています。たとえば、感情に偏っている人は、自分の気持ちや感覚を言葉にすることは自由にできても、論理的に考えたりまとめたりすることが苦手です。一方、論理に偏っている人は、論理的に考えることは得意かもしれませんが、自分の気持ちや感覚を理解したり言葉に表現したり、パートナーの気持ちを理解し対処することは苦手でしょう。

結婚相手を選択するとき、お互いに感情優位な人を選んだり、あるいはお互いに論理優位な人を選ぶこともありますが、多くの場合、感情優位な人と論理優位な人はひかれ合います。感情優位な人にとっては、論理優位のパートナーは感情にふり回されないで物事を冷静に考えられる人としてひかれる一方で、論理優位のパートナーは、感情優位のパートナーがとても自由でのびのびとしているように見えてひかれるでしょう。

しかし、結婚後に日常生活のさまざまな場面から、二人のこうした違いは「魅力」から「不満の種」に変身します。たとえば、妻は夫が自分の気持ちをわかってくれないと不満を言い、夫は妻の話を聴いていてもいっこうに問題は解決しないと不満を言います。そして、お互いに相手が自分のようになれば、二人の間の問題は解決す

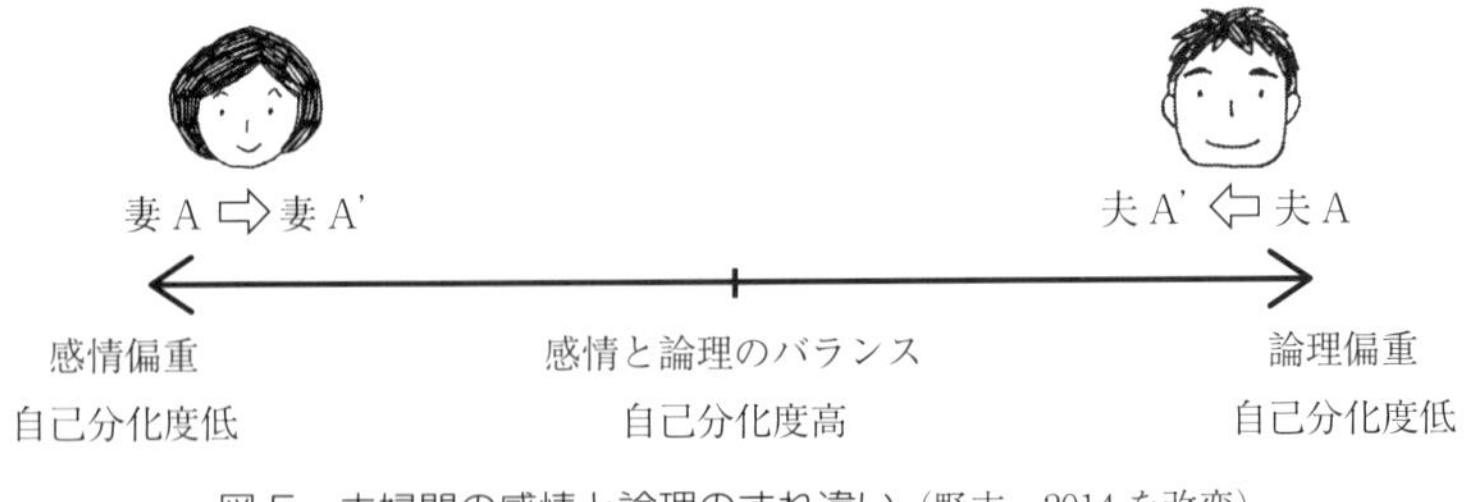


図５　夫婦間の感情と論理のすれ違い（野末，2014 を改変）

ると考えています。つまり、妻は夫がもっと気持ちのやりとりをできるようになる必要があると考えており、夫は妻が感情に流されず冷静に考えられるようになる必要があると考えています。

しかし、カップル・セラピーの立場からすれば、どちらか一方が正しいというわけではなく、感情も論理もどちらも大切なものであって、お互いに相手に近づく必要があると考えます。つまり、妻は感情にまかせて話をするのではなく、少し冷静に論理的に考えられるようになること（妻Aから妻A'に）、そして夫は、理屈でばかり話をしようとしないで、妻の気持ちを理解したり自分の気持ちを表現したりできるようになること（夫Aから夫A'に）が必要なのです（図５）。

## ３　関係性と個別性の葛藤

自己分化度は、関係性と個別性の面にも現れます。関係性とは、パートナーと一緒にいたい、共有したい、絆を感じたいという欲求で、パートナーを求めようとする力が働きます。一方の個別性は、一人でいたい、自由にしたい、自分らしくありたいという欲求で、パートナーから離れようとする力が働きます。誰でもこの二つの欲求をもっているのですが、どちらが優位かは人によって異なります。自己分化度という観点からは、自己分化度が高ければ高いほど両方の欲求がバランスよく働き、自分らしさを大切にしつつ、相手の相手らしさも尊重しながら、親密な関係を築いていくことができます。しかし、自己分化度が低いと関係性と個別性のどちらか一方に偏ってしまい、パートナーとの関係にマイナスの影響を及ぼしやすくなります。

関係性に偏っていて個別性が低い人は、パートナーとの絆を求める欲求が強いため、一緒にいることを過度に追い求めてしまったり、自分とパートナーとの気持ちや考えの違いに過敏に反応して不安になったりしがちです。つまり、「自分は自分、パートナーはパートナー」というように、お互いを独立した個人としてみることが困難です。一方、個別性に偏っていて関係性が低い人は、個人として自由であることを求める欲求が強いため、パートナーと気持ちや考えが違っていても気にすることなく、パートナーが気持ちや考えを共有しようとすることに対して抵抗を示します。つまり、「私たち夫婦」というユニットとして自分とパートナーとの関係をみることが困難です。

一般的には、関係性に偏っているのは妻のほう、個別性に偏っているのは夫のほうによくみられます。妻は、もっと夫と時間も気持ちも共有したいと訴え距離を縮めようとするのですが、夫は仕事などさまざまな理由を言って離れようとし、妻は夫がもっと関係性を大切にすべきだと主張し、夫は妻がもっと個別性を大切にすべきだと主張します。つまり、お互いにパートナーに、自分のようになれ

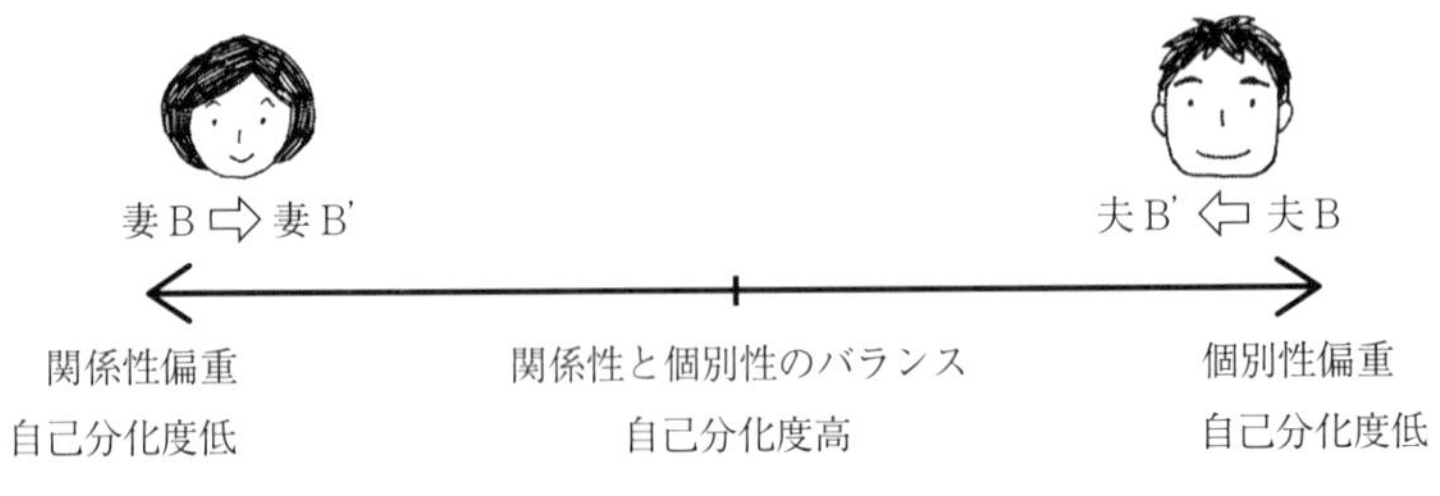


図６　夫婦間の関係性と個別性のバランス（野末，2014 を改変）

ばよいと考えています。

しかし、カップル・セラピーの立場からすれば、この衝突もどちらか一方が変わればよいというものではありません。妻がより個別性を大切にできるようになり、夫との違いを受け容れられるようになること（妻Bから妻B'に）、そして、夫がより関係性を大切にできるようになり、妻と気持ちや考えを共有できるようになること（夫Bから夫B'に）が重要なのです（図６）。

## 4　自尊心の問題——自己愛と自己卑下の組み合わせ

自己分化度の問題は、自尊心とも深く関係しています。自尊心とは、自分自身を肯定的に評価し、自分自身を大切にできることですが、実は健康な自尊心が育っている人は、他者を肯定的に評価し大切にできるという面があり、自己分化度は高いと考えられます。

一方、健康な自尊心をもてておらず、自己分化度が低い人には、自己評価が高すぎてパートナーを大切にできない自己愛の問題を抱えた人と、自己評価が低すぎるためにパートナーに服従的になってしまう自己卑下の問題を抱えた人がいます。そして、時に自己愛の

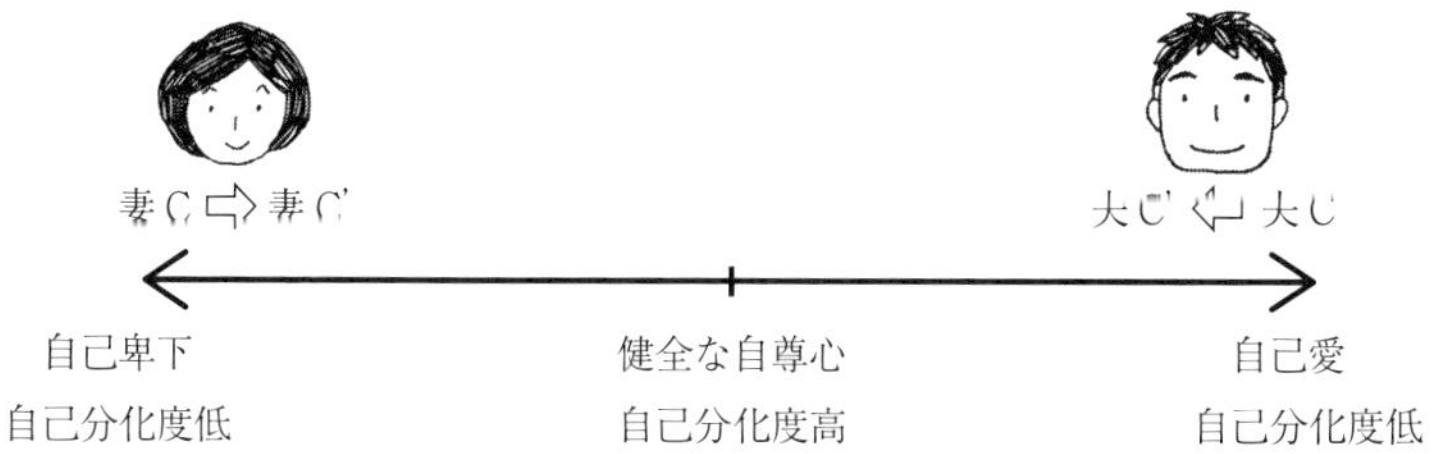


図７　夫婦の自尊心の問題

問題を抱えた人と自己卑下の問題を抱えた人が夫婦になることがあります。

自己愛の問題を抱えた人の中には、暴力や浮気あるいはアルコールの問題を抱えている人がいるため、しばしば自己卑下の問題を抱えた人は犠牲者になります。そのような関係では、もちろん自己愛の問題を抱えた人が、自分がパートナーを傷つけ苦しめていることを自覚しなければなりませんが、これは容易なことではありません。一方、自己卑下の問題を抱えた人は、自分自身を否定的に評価する根深いクセを見直し修正する必要があります。「自己分化度が同じ程度の人をパートナーとして選択する」という前提に立つと、自分を大切にしてくれる人をパートナーとして選択するためにも、まず自分自身を大切に思えるようになることが必要なのです（図７）。

# 第４章　夫婦・カップル関係における悪循環

## 1　カップル・ダンスとは

夫婦（カップル）がさまざまな葛藤や問題に直面すると、その内容は違っていても、いつも同じようなパターンが繰り返されがちです。そして、お互いに葛藤や問題を解決しようと思ってパートナーにかかわるのですが、解決しようとがんばればがんばるほどお互いのストレスは高まり、いっそうこじれてしまうという悪循環に陥ることも珍しくありません。このように、葛藤や問題を解決しようとがんばっているにもかかわらず同じような悪循環が繰り返されることを、カップル・ダンスと呼びます（Middelberg, 2001）。

カップル・ダンスには、その悪循環は二人が相互に影響し合って続いているという意味合いがあります。つまり、これは二人がつくりあげているパターンのある行動で、二人それぞれのステップ（動き）がパートナーのステップに影響を及ぼすし、それがまた自分のステップにも影響を与えるということを表しています。そして、その悪循環から抜け出してお互いに満足できる関係に変化するためには、言い換えれば、二人が心地よいダンスを踊るためには二人それぞれのステップを変化させる必要があるのです。

## 2　さまざまなカップル・ダンス

ここでは一般的なカップル・ダンスをとりあげて説明しましょう。夫婦（カップル）によっては、このどれか一つがいつも繰り返されるということもあるでしょうし、コミュニケーションのプロセスの中で、途中であるダンスからほかのダンスに変わる場合もあります。

### 1　衝突のダンス

衝突のダンスとは、二人の間に何らかの葛藤や問題が生じるとお互いに自分を正当化して相手を責めるパターンで、いわゆる夫婦げんかです。お互いに、自分は正しくてパートナーが間違っている、自分が変わる必要はない、パートナーが変わるべきだ、と思っており、攻撃的な言動を繰り返してしまいます。そのため表面的には強く見えるのですが、実は根底には、パートナーに認めてほしい、理解してほしい、共

感してほしい、甘えたいという欲求が強くあり、それが満たされていないと感じると、自己愛的に非常に傷つき怒りを感じます。そして、自分の傷つきには非常に敏感なのですが、自分の言動がパートナーを傷つけていることに対しては鈍感です。したがって、お互いに自分の気持ちや考えはストレートにぶつけるのですが、パートナーの話を冷静に聴いて理解することが難しいのです。そのため、言いたいことは感情的にぶつけるけれども、葛藤や問題そのものについて話し合って解決することが難しくなります。現在の問題について話し合いを始めたはずなのに、いつの間にか「あのときもこうだった」「こういうこともあった」と過去の未解決な問題を引っ張り出してきて、一番大事な現在の問題を解決するにはいたりません。このダンスを踊りがちな夫婦（カップル）がカップル・セラピーにくると、「話し合おうとするといつもけんかになっちゃうんです」と訴えることがよくあります。

このダンスをよく踊る夫婦（カップル）は、関係がうまくいっているときや葛藤や問題がないときには、とても仲がよく情熱的ですらあるかもしれません。しかし、お互いにパートナーを自分とは異なる独立した存在としてみることができず、一緒であることや一体感を求めすぎている可能性があります。また、「夫婦（カップル）の間では、言いたいことは何でも言ってよい」（132ページ）と思い込んでいる可能性もあります。それゆえに、パートナーに対する期待が非常に大きく、理想が高くなりがちで、その分がっかりしたり怒りを感じたりする可能性も高くなります。

このダンスから抜け出すためには、お互いにパートナーの話を冷静に聴くこと（151ページ）と、自分の気持ちや考えをパートナーに伝える際に、攻撃的ではなくアサーティブ（96ページ）に伝えられるようになること、そして、非言語的な側面にも気をつけて、必要以上に大きな声で話したり一方的にしゃべり続けたりしないこと、威圧的な態度をとらないことなどが必要になります。

## 2 距離をとるダンス

これは、衝突のダンスとは対照的に、二人が葛藤や問題に直面すると、お互いに自分の気持ちや考えを率直にパートナーに伝えないで、自分の心の中にしまい込みます。そして、パートナーとは表面的な会話だけするようになったり、なるべく一緒にいる時間を減らして、物理的にも距離を取ろうとします。したがって、表面的には仲良く振る舞っている場合もあれば、冷戦状態になっている場合もあります。心の底では、お互いにパートナーに対して不満や怒りを感じていたり、パートナーが自分のことをどう思っているのかが気になっているのですが、そのことをパートナーに伝えたり話し合ったりすることは、パートナーを傷つけてしまうのではないか、自分自身が傷つくことになるのではないか、と恐れています。ある意味では、お互いにパートナーとの関係を大切にしたいと思っているし、パートナーに対する思いやりがあるとも言えるのですが、「うまくいっている夫婦には葛藤や問

題はない」（131ページ）とか「パートナーが傷つくかもしれないことは、言うべきではない」（133ページ）と思い込んでいる可能性があります。

このようなカップルには、カップル・セラピーの場で、「私たちはお互いに言いたいことをオープンに言えないんです」とか「夫婦げんかをしている人たちを見ると、うらやましいと思うんです」という発言が見られます。したがって、それぞれが少しずつ自分の気持ちや考えをパートナーに伝えられるようになることが必要です。

## 3 追跡者・回避者のダンス

このダンスは、葛藤や問題に直面すると、一方がパートナーに向かっていき（追跡者）、他方は逃げようとする（回避者）というパターンです。追跡者は、感情的になる傾向があり、攻撃的にパートナーを責めたり、自分の意見に対して強く同意を求めたり、物理的に一緒にいたがったり、心理的なサポートを求めたりします。一方、回避者は感情をぶつけられてもうまく対応できず、黙り込んでしまったり、論理的に考え理屈でものを言って自己防衛したりします。そして、なるべく自分一人の時間と空間を確保しようとし、距離をと

ろうとします。そうすると、二人の間で、追えば追うほど逃げられる、逃げれば逃げるほど追われるという悪循環に陥ります。

この場合、お互いにパートナーが自分のようにかかわろうとしないことが問題だと考えています。つまり、追跡者は、パートナーが逃げようとして向き合ってくれないのが問題だと思っているし、回避者は、パートナーが自分に対して求めすぎるのが問題で、自分のようにもう少し距離をとろうと努力しないのが問題だと思っています。実は、これはある意味では二人とも正解です。つまり、追跡者はパートナーを追いかけないで立ち止まることが必要ですし、回避者はパートナーと距離をとろうとせず向き合うことが必要なのです。

## 4　過剰機能・過少機能のダンス

このダンスは、古典的にはアルコール依存の夫（過少機能）としっかり者で献身的な妻（過剰機能）の組み合わせに見られたものですが、そうした問題にかぎらず、しっかり者とダメなパートナーの夫婦（カップル）に見られる悪循環です。過少機能とは、二人の関係の中での機能レベルが低いほうで、何らかの心身の問題を抱えていたり、社会的な役割を

十分果たせていないという問題を抱えていることがあり、「この人が問題」「ダメな夫」「ダメな妻」と思われやすい人です。一方、過剰機能とは、二人の関係の中での機能レベルが高いほうで、とてもしっかりしており、過少機能のパートナーを支えているため、「この人は問題ない」「献身的な妻」「しっかりした夫」と思われがちですし、非常に苦労している場合もあります。過少機能の人がなかなかしっかりしない、それゆえに過剰機能の人ががんばる、しかしそれによって過少機能の人はがんばらなくてすんでしまい、さらに過剰機能の人ががんばるという悪循環になりがちです。一見すると、機能レベルの低い過少機能の人が問題で、その人がもっとしっかりすれば過剰機能の人も苦労しなくなると思われるのですが、事はそれほど単純ではありません。

過少機能の人の問題とは、自分自身が自立することを恐れており、依存的な立場にとどまっていることなのですが、一方過剰機能の人は、依存することがうまくできない人でもあり、過度に自立的な立場にとどまってしまっています。つまり、自分からパートナーに依存することができないために、自分に依存するパートナーを必要としているのです。

ですから、二人がより親密な関係を築いていくためには、過少機能の人がより自立的になって機能レベルが少し上がることが必要なのはもちろんなのですが、それに加えて、過剰機能の人がしっかり者のポジションから降りて機能レベルが少し下がることも必要なのです。

## 5 三角関係化のダンス

このダンスは、夫婦（カップル）の間に葛藤や問題が生じたときに、第三者を巻き込むというパターンです。

最もよく巻き込まれるのが子どもです。夫婦の間に緊張やストレスが続いたとき、そのストレスのはけ口として、母親が子どもを巻き込むことが起こりがちです。これは、父親よりも母親が悪いということではなく、一般的にふだんから父親よりも母親のほうが子どもと接触している時間が長く、心理的な距離が近いことが大きな要因と考えられます。子どもを巻き込むといっても、母親にはその自覚がないことがほとんどです。具体的には、子どもに夫の不満やぐちを言ったり相談したりするという直接的な巻き込み方もあれば、子どもの教育や習い事に過剰にエネルギーを注いで夫とは距離をとるという間接的な巻き込み方もあります。いずれにしても、妻が子どもを巻き込み、夫とは距離をとることによって、表面的には夫婦間の緊張やストレスは見えにくくなりますが、夫と子どもの関係は疎遠になり、子どもの父親に対する感情やイメージも否定的なものになりがちです。そして、「母親と子ども」対「父親」という2対1の敵対関係になりがちです。

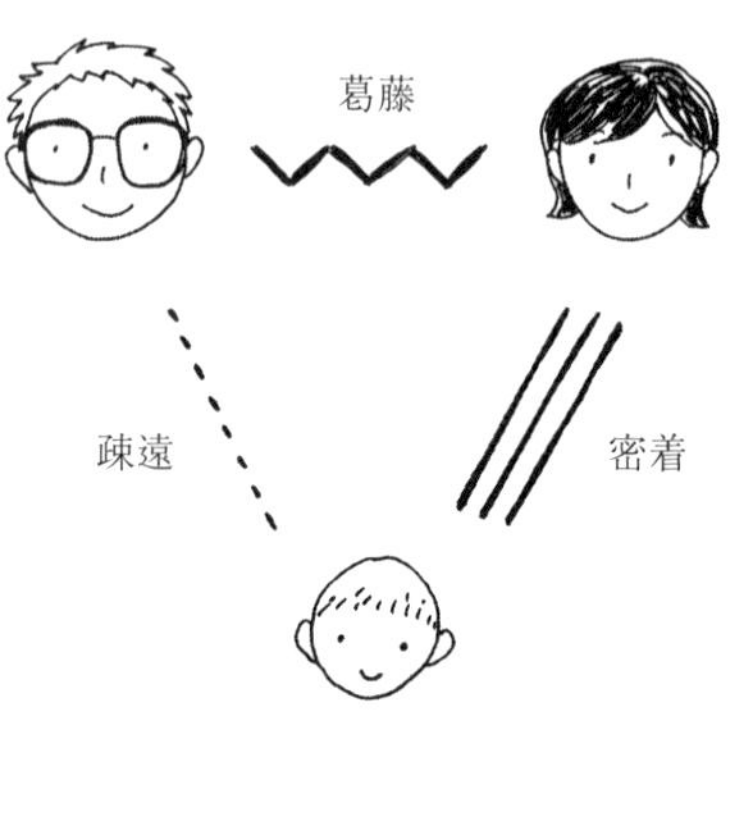


感受性が豊かで繊細な子どもの場合、もの心つく前から、夫婦間の緊張状態やストレスは肌で

感じとるものですし、親を助けたいという気持ちも抱きます。そのため、親も気づかないうちに子どもが親のカウンセラーのようになっている場合もありますし、親を喜ばせるために一生懸命よい子になって勉強をする子もいます。しかし、それは、子どもが自分の子どもらしい成長を犠牲にしているということでもあるので、何年か経ってから、不登校やさまざまな心身の問題というかたちで、三角関係に巻き込まれてきた苦しみを表現することがあります。

また、三角関係に巻き込まれるのは、子どもだけではありません。パートナーに対する不満を実家の親に訴えることもその一つです。もし、実家の親が非常に成熟した人であれば、そうした子ども夫婦の問題に対して中立的な立場に立って適切なアドバイスができるかもしれませんが、それは容易なことではありません。多くの親は自分の子どもの言い分を正当化し、味方につこうとするために、結果的に子どものパートナーを悪者にして、２対１の敵対関係になりがちです。

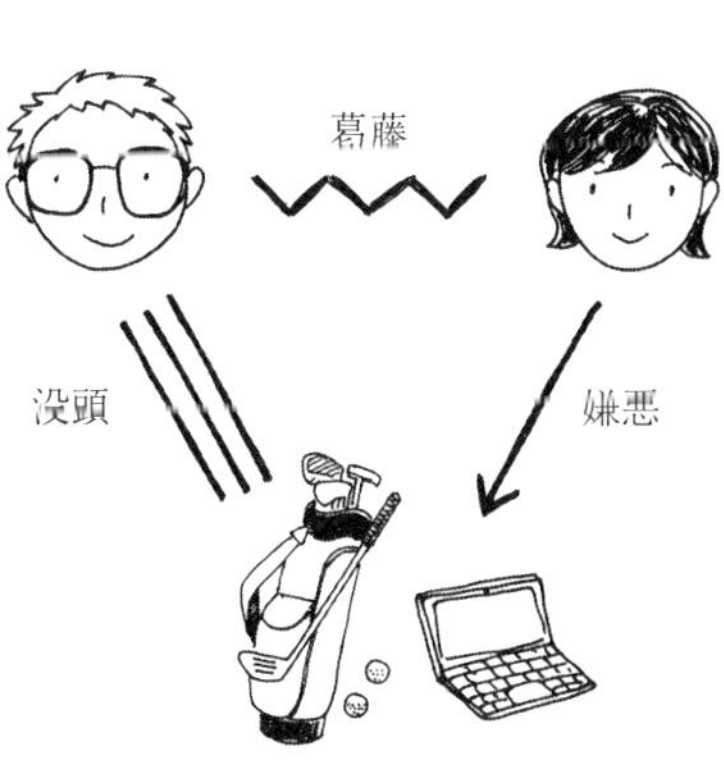


さらに、浮気は三角関係化の一つの典型ですし、仕事や趣味に没頭するということもその一つの表れと考えられる場合があります。そして、三角関係は一つだけにとどまらずに次々と連結していくことも珍しくありません。しかし、中核的な問題は、夫婦（カップル）の二人の関係にあ

るので、誰がどのようにして三角関係に巻き込まれているかに目を向けつつ、二人が自分たちの葛藤や問題から目を背けずに、二人の関係の中で解決していく方法を探ることが大切です。

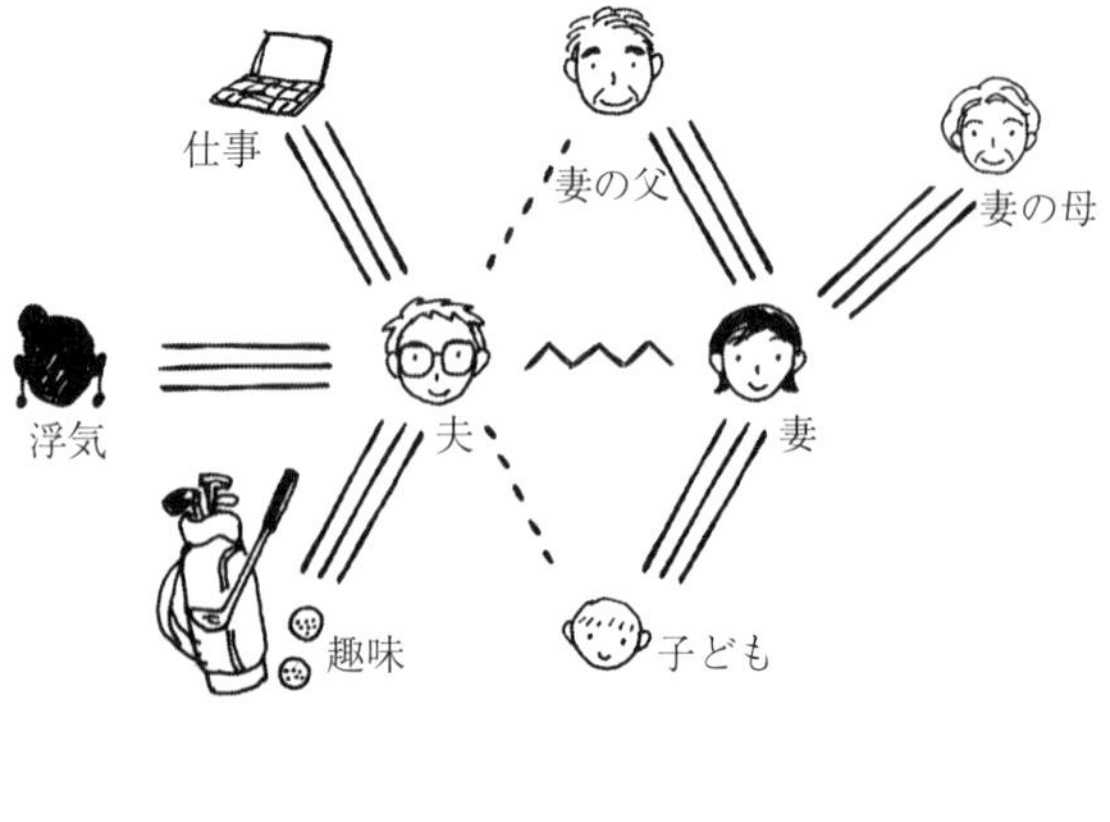

# 第Ⅱ部　心の中のアサーション

第Ⅱ部では、アサーションの観点から、夫婦（カップル）のコミュニケーションに焦点をあてて、みていきましょう。アサーションとは、どのような自己表現でありコミュニケーションなのか、それにはどのような要因がかかわっているのか、夫婦（カップル）の関係にどのような影響を及ぼすのか、心の中のさまざまな要素に注目して解説していきます。ふだんのパートナーとのコミュニケーションをふり返りながら読み進めることで、自分自身やパートナーについての理解が深まり、二人の間で起こっていることが、これまでとは違った角度から見えるようになるでしょう。

# 第5章　アサーションについて知る

## 1　アサーションとは何か

アサーションとは、一九五〇年代にアメリカで生まれた人間関係やコミュニケーションに関する考え方とスキルで、一九八〇年代初めに平木典子氏によって日本に紹介され、現在では一般市民、企業、教師、カウンセラー、看護師、福祉職、大学生、子どもなどを対象としたトレーニングが行われています。近年、ますます注目されるようになっており、書籍や雑誌はもちろんのこと、インターネット上でもよくこの言葉を目にするようになりました。アサーションについては、いくつかの立場や考え方がありますが、本書で以下に紹介していくアサーションは、平木（二〇〇九年）によって提唱された考え方にもとづいています。

### 1●自分も相手も大切にする自己表現

アサーションとは、「自分の気持ち、考え、欲求などを率直に、正直に、その場の状況に合った適切な方法で述べること」「他者の基本的人権を侵すことなく、自己の基本的人権のために立ちあがり、自己表現すること」です。一言で言えば「自分も相手も大切にする自己表現」です。

アサーションは、時に「自己主張」と訳されることもありますが、日本は、集団の中でまわりと協調すること、自分を抑えて相手に合わせること、相手の気持ちや要求を察することが伝統的に重視されてきた文化をもつために、自己主張というと否定的なニュアンスでとらえられることが多いように思われます。たとえば、「あの人は自己主張が強い」というとき、実際には「あの人はわがままだ」という意味で用いられるのではないでしょうか。したがって、アサーションを「自己主張」と訳すと、「自分の言いたいことを強く主張する」ことだと誤解される可能性があり、「自分も相手も大切にする」という意味が伝わりにくいため、私たちアサーション・トレーニングの認定トレーナーは、アサーションをあえて日本語に訳さずにそのまま使います。訳す必要のあるときには、「自己表現」と訳すようにして、誤解が生じないように努めています。

## 2　相手を自分の思うとおりに動かすためのテクニックではない

人間関係におけるコミュニケーションについては、女性誌やビジネス雑誌でもとりあげられることが少なくありませんが、なかには、「こうすれば相手はあなたの思うまま」とか、「いかにして相手との関係を自分がコントロールするか」といった観点から書かれたものが少なくありません。しかし、アサーションは、相手を自分の思うように動かすためのテクニックを身につけるためのものではありません。そもそも、「相手を自分の思うとおりに動かそうとする」こと自体が、「自分も相手も大切にする」というアサーションの基本精神とは大きくかけ離れています。

### 3 聴くことも大切にする

アサーションとは、自分のことだけでなく相手のことも大切にする自己表現であり、そこには、相手の気持ちや考えや欲求を理解しようとする姿勢があります。したがって、自分の気持ちや考えや欲求を表現して相手に伝えるだけでなく、相手の気持ちや考えや欲求にも関心をもち、理解しようと努め、話を聴くこともとても大切です。もし、聴くことを大切にせず、自分の気持ちや考えを伝えることだけを考えているとしたら、それはアサーションとしては不十分です。

## 2 三つのタイプの自己表現（表３）

アサーションでは、私たちの自己表現のしかた、言い方を変えればコミュニケーションのあり方や対人関係の特徴を、以下の三つのタイプに分類して考えます。これは単なるコミュニケーション・スキルにとどまるものではなく、その人の生き方にも大きくかかわってきます。

表３　三つのタイプの自己表現とその特徴　©日本・精神技術研究所

| | 非主張的 | 攻撃的 | アサーティブ |
|---|---|---|---|
| 自己表現の特徴 | ・自分の気持ちや考えや欲求を率直に表現しない<br>・I' m not OK. You are OK.<br>・曖昧な言い方、遠回しな言い方、遠慮がちな言い方、小さな声で言う、など | ・相手の気持ちや考えや欲求を考慮しないで自己主張する<br>・I' m OK. You are not OK.<br>・暴力、大声を出す<br>・無視する、ばかにする、けなす、陰で悪口を言う、など<br>・自分の都合のいいように利用する | ・自分の気持ちや考えや欲求を率直に正直に表現する<br>・I' m OK. You are OK.<br>・I message<br>・相手の気持ちや考えを「聴く」ことも大切にする<br>・自分の弱さを認め表現することもできる |
| 自分や相手への影響 | ・ストレスがたまる<br>・抑鬱感や無気力感などを伴う心身の変調<br>・怒りをため込む<br>・相手に誤解される | ・ストレスに気づきにくい<br>・イライラしがち<br>・喫煙や飲酒による身体疾患<br>・相手からの怒りや憎しみ<br>・相手からの信頼感や愛情を失う | ・自分と相手のその人らしさを大切にする<br>・話し合って歩み寄ろうとする<br>・肯定的なメッセージを伝える |
| 背景にある要因 | ・葛藤を避けたい気持ちが強すぎる<br>・嫌われたくない気持ちが強すぎる<br>・察してほしい気持ちが強すぎる<br>・自己犠牲が強すぎる<br>・パートナーとのパワーの差<br>・自己評価の低さ | ・優位に立ちたいという気持ち<br>・甘え<br>・自信過剰と根底にある不安<br>・真面目で責任感が強すぎる<br>・自分の弱さを受容できない<br>・忙しい<br>・疲れている | ・自分と相手の気持ちや考えが異なるのは当然と考える<br>・適度な自信と謙虚さ<br>・自分自身が相手との関係の変化の鍵を握っている |

## 1　非主張的な自己表現

### ❶非主張的な自己表現とは

非主張的な自己表現とは、自分の気持ちや考えや欲求を率直に伝えていない表現で、自分よりも相手を優先する自己表現です。I'm not OK. You are OK. と表現することができます。また、曖昧な言い方、遠回しな言い方、遠慮がちな言い方、小さな声で言うなどによって、相手に真意が伝わりにくい表現も含まれます。したがって、ふだんから非主張的な自己表現をしがちな人のなかには、「どうして自分はいつも言いたいことを抑えてパートナーに合わせてしまうんだろう」とか、「もっと自分の言いたいことをきちんと表現できるようになりたい」と悩み、自分自身の問題に気づいている人もいますが、一方で、「私がこれだけ気を遣って言っているのに、私の本音に気づかないあの人が悪い」と相手の責任にしてしまい、自分が非主張的であることに気づいていない人も少なくありません。

それでは、夫婦・カップルの関係における非主張的な自己表現とは、具体的にはどのようなものでしょうか。たとえば、休日にパートナーは二人でどこかに出かけたいと言っているけれども、あなたの本音としては、最近仕事で疲れているから家で休みたいと思っていたとします。でも、そのことを率直に言わずに同意してしまいます。あるいは、パートナーの子育ての方針に疑問を感じているのに、そのことを言うことでパートナーが傷ついて落ち込んだり、あるいは怒り出すことを恐れて何も言わない、というようなことです。

さらには、ある日突然離婚を言いわたす人のなかには、ふだんから非主張的な自己表現をしがちな人がいます。パートナーが自分の気持ちや考えを理解してくれないことに、長年疑問を感じ不満を抱いてきたにもかかわらず、そのことをパートナーに表現してこなかった人、あるいは本人としては表現してきたつもりでもその伝え方が不明瞭で率直でないために、パートナーにきちんと届いていないということも見受けられます。

## ❷非主張的な自己表現による自分とパートナーへの影響

このように、非主張的な自己表現は、日常的な些細な出来事から、二人の関係にとっての重大な危機をもたらす出来事にいたるまで、さまざまな葛藤場面で生じる可能性があります。では、非主張的な自己表現にはどのような問題があるのでしょうか。

まず、自分の言いたいことを抑え込むことによって、自分自身にストレスがたまります。そして、それが抑うつ感や無力感などを伴う心身の変調につながることも少なくありません。また、自分の心の中にあることを言っていないにもかかわらず、パートナーが気づいてくれないことに対して次第に怒りをためていき、最終的に爆発させる人もいます。「窮鼠猫を噛む」とでもいえるでしょうか。いずれにしても、自分にとってプラスになることは、あまりないでしょう。

一方、自分の気持ちや考えを率直に表現しないことによって、パートナーはあなたのことを誤解する可能性があります。たとえば、夏休みの旅行先として、あなたは北海道に行きたいと思っていたのに、パートナーが沖縄に行きたいと言ったとしましょう。自分の要望を言わずに「じゃあ、そうしよう」と同意だけしたら、パートナーはあなたも沖縄に行きたかったのだと思うでしょう。また、パートナーや結婚生活に対する不満や要望をきちんと伝えていなかったら、パートナーはあなたとの関係はうまくいっていると思い、とくに問題は感じないかもしれません。

このように、非主張的な自己表現は、相手に合わせたり自分の気持ちや考えをはっきり言わないことで、短期的には問題を解決するように見えますが、問題を先送りしたり、二人の関係にとってマイナスになったりすることもたくさんあります。

### ❸非主張的な自己表現になる要因

では、なぜパートナーとの関係のなかで非主張的な自己表現になってしまうのでしょうか。その理由はさまざまですが、ここではよく見られるものをあげます。

①葛藤を避けたい気持ちが強すぎる

まず第一に、葛藤を避けたい気持ちが強すぎることがあげられます。パートナーとの関係で葛藤を避けたいと思うのはきわめて自然なことです。誰しも、パートナーとはなるべく葛藤のない関係でいたいと思うでしょう。しかし、夫婦・カップルの関係においては、さまざまな葛藤は生じるものです。葛藤を避けたい気持ちが強すぎると、パートナーとは違う気持ちや考えや欲求を抱いたときに、きちんと表現しなかったり、パートナーに合わせることで表面的な調和を保とうとしたりするので、自己表現も非主張的になりがちです。

②嫌われたくない気持ちが強すぎる

パートナーから嫌われたくない、好かれたいと願うのも当然のことです。しかし、その気持ちが強すぎると、嫌われないために自分はどう振る舞うべきか、何を言うべきか言うべきではないかという発想になり、自分の本当の気持ちや考えや欲求を表現しなくなります。それが習慣化すると、自分でも自分が何を感じ、考え、望んでいるのかがわからなくなってしまいます。

③察してほしい気持ちが強すぎる

パートナーには、自分の気持ちや考えや欲求をわざわざ言葉にして言わなくても、察してわかってほしいと思う人は少なくありません。それだけ、パートナーの自分に対する愛情に期待しているともいえるでしょう。しかし、どんなに愛し合っている二人でも、長年にわたってよい関係を保っている二人であっても、いつもパートナーの気持ちや考えや欲求を的確に察している人など、ほとんどいないでしょう。言葉にしなくても察することができて成り立つ関係は、乳幼児と親との間では必要であり重要です。また、夫婦・カップルの関係でも起こりうることです。しかし、常にそれを求めるのは現実的ではありませんし、ほとんどの場合は失望に終わるでしょう。

また、皮肉なことに、察してほしい気持ちが強い人は、自分の気持ちや考えや欲求を言葉にしないだけでなく、自分でも気づかないうちにあえて表情や態度には出さないようにしていたり、本心とは反対のことを言ったり行動として表したりすることがあり、パートナーにはますます気づかれにくくなるという自己矛盾に陥っている人もいます。

④自己犠牲を払いすぎる

パートナーとの関係において、時にはがまんや自己犠牲を強いられることもあるでしょう。しかし、日頃から自己犠牲の気持ちが強すぎると、自分よりもパートナーが優先されて当然と考え、パートナーに対して服従的になってしまうかもしれません。日本では長い間、女性は夫のため子どものために家庭の中で自己犠牲を強いられてきた面があるでしょう。一方、男性は職場のために自己犠牲を強いられてきたといえるかもしれません。

⑤パートナーとのパワーの差を感じている

夫婦・カップルは、二人の関係に及ぼす影響力をそれぞれもっており、それをここではパワーとよびます。二人の間のパワーバランスに著しく偏りがあり、二人の間の大事なことはパートナーがほとんど決めてしまうとか、二人の関係をパートナーがコントロールしている、自分は二人の関係に影響を与えるだけの力がないと諦めていると、「結局、最後はパートナーの言うとおりになってしまう」とか、「どうせ何を言ってもムダ」と思ってしまい、自己表現しようという気がなくなってしまいます。

このパワーバランスの問題は、さまざまなかたちで現れます。経済力がないことを負い目に感じている妻は、夫に対して非主張的になりがちです。また、妻の発言量の多さに圧倒され、何を言っても言い負かされていると感じている夫も、非主張的になってしまいます。

⑥自己評価が低く自信がもてない

自己評価が低く自信がもてないことも、非主張的な自己表現につながります。自己評価が低いと、自分の感じている気持ちや欲求、考えていることを、取るに足らないものと過小評価したり、パートナーから大切にされなくてもしかたがないと諦めがちで、それゆえに自分の中に抑え込んでしまいます。そして、「ダメな自分」というマイナスの自己イメージが強くなっていく可能性があります。別な言い方をすれば、自分自身のエネルギーがなくなっていき、自分が次第に小さくなっていくとでもいえるでしょうか。

## 2　攻撃的な自己表現

### ❶攻撃的な自己表現とは

自己表現の二つめのタイプは、攻撃的な自己表現です。これは、非主張的な自己表現とは対照的に、自分の気持ちや考えや欲求は率直に表現するのですが、その反面、パートナーの気持ちや考えや欲求を考慮しなかったり踏みにじったりするような自己表現です。I' m OK. You are not OK. という自己表現です。自分の言いたいことを言うという意味では自己主張できているのですが、パートナーの気持ちや考えや欲求を理解しよう、大切にしようという意識が十分ではありません。そして、二人の関係を自分の思うとおりにしようと思っていることもあります。

このような攻撃的な自己表現をしがちな人の中には、そのことに気づいていて何とか直したいと思っている人も少なくありません。「いつも口調がきつくなってしまう」「もう少し相手の話を聴かなくてはいけないことはわかっているんだけど、つい説教みたいになってしまう」と感じており、自分のコミュニケーションに必ずしも満足しておらず、もっとパートナーとよい関係になりたいと思っています。一方で、「自分はきちんと言いたいことを言っている。だから、言いたいことがあるんだったら、言わない相手が悪い」と自分を正当化し、適切に自己主張できていると勘違いしている人もいます。

最も極端な攻撃的な自己表現は、暴力を振るうとか大きな声で怒鳴るということですが、アサーションでいう攻撃的な自己表現はもう少し広い意味で使われます。たとえば、パートナーの話に耳を傾けようとしないで無視する、ばかにする、説教する、けなす、さらには表面的にはていねいに接するけれども陰で悪口を言う、なども含まれます。

## ❷攻撃的な自己表現による自分とパートナーへの影響

攻撃的な自己表現をしがちな人の中には、ふだんから人間関係の中で自分がストレスを抱えていることに気づかない人がいます。しかし、些細なことでもイライラしがちなので、たばこやお酒の量が増えて身体疾患を誘発する可能性があります。また、攻撃的な自己表現によって、その都度パートナーとの関係の中で生じた葛藤や問題を自分の思うとおりに抑えつけることができたとしても、パートナーがそうした関係にとどまることに耐えられなくなり、別れという選択を突きつけられることにもつながりかねません。つまり、一番大事な人を自分の思うとおりにしようとすることで、皮肉にも失うという結果にもつながりかねないのです。また、仮に別れという選択にならなかったとしても、パートナーは「自分は大切にされていない」「いつも責められてばかりで傷つく」という思いを募らせ、信頼感も愛情も薄れていくでしょう。

このように、攻撃的な自己表現によって、パートナーよりも優位に立ち自分の思うとおりにコントロールできるような錯覚を抱きますが、パートナーの中に不満や怒り、そして恨みを蓄積させていくことにもなりかねませんし、最終的に自分自身が孤立する可能性もあります。

## ❸攻撃的な自己表現になる要因

では、なぜパートナーとの関係の中で、攻撃的な自己表現になってしまうのでしょうか。

①パートナーに対して優位に立ちたいという気持ちが強すぎる

まず、夫婦・カップルの関係において、パートナーに勝つことやパートナーの上に立ちたいという気持ちが強いということが考えられます。二人の関係で自分が主導権を握りたい、パートナーに負けたくないと思っている人です。このような人は、パートナーの気持ちや考えや欲求にはあまり関心がなく、パートナーが自分の言うとおりにしてくれればよいと考えているかもしれません。支配欲の強い人ともいえるでしょう。

②幼児的な甘えから抜け切れていない

攻撃的な自己表現をしがちな人の中には、「自分を優先してくれてあたりまえ」というような幼児的な甘えから抜け切れていない人もいます。その結果、パートナーが自分を満たしてくれることばかりに関心が向き、パートナーを大切にすることができません。このような人は、悪気はないのかもしれませんが、夫婦・カップルの関係は、親と赤ん坊のような「与える・受ける」という一方的な関係ではなく、お互いに与え合うものであることが理解できていないのかもしれません。

③自信過剰の根底に不安を抱えている

自分に自信をもつことは大切ですが、それがいきすぎたものになると攻撃的な自己表現につながる可能性があります。つまり、「自分は常に正しい」と思い込んでいると、パートナーが自分とは異なる考えや気持ちを抱いたときにそれをありのまま受容することができず、パートナーが間違っていると認識するために、押さえつけようとしたり無視したりするのです。

しかし、こうした表面的な自信過剰の根底には、本人も気づいていない不安があります。つまり、自分とは異なるパートナーの気持ちや考えや価値観に耳を傾け、理解し、受容してしまったら、「自分は常に正しい」という思い込みが崩れてしまい、自分自身を否定することにつながってしまうという不安を無意識のうちにもっているのです。

④真面目で責任感が強すぎる

攻撃的な自己表現というと、つい否定的な人物像を思い描きがちですが、実際には必ずしもそうとはかぎりません。ふだんからとても真面目で責任感が強い人が、攻撃的な自己表現をしてしまうこともあります。真面目で責任感が強いこと自体はよいことなのですが、それが強すぎると、「こうあるべき」「こうであるはずだ」「こうするべきだ」と考える傾向が強くなり、自分が正しいと信じていることをパートナーに押しつけてしまうことがあります。本人としてはパートナーのためを思っているのですが、パートナーからすると、自分の気持ちや考えや欲求を理解してくれようとせず、自分を否定されていると感じることがあります。

⑤自分の弱さを認められない、知られたくない

人は誰しも、時にはさみしさや悲しさを感じたり、傷ついたり、自信を失ったりして、自分の弱さを実感することがあります。そうした体験は避けられないものであり、私たちが人間である証であり、そのような体験があるからこそ他者に共感し絆を感じることができるものです。

しかし、そうした弱い自分を認められなかったり、他者に知られたくないという思いが強い人は、自己防衛のために攻撃的に振る舞うことがあります。時に落ち込んだり泣いたりすることは自然なことなのですが、そんな自分に向き合うのはとても怖いので、強がったり意地を張ったり、怒りをぶつけたりしてしまうのです。

⑥忙しい

もともとそれほど攻撃的な性格ではない人であっても、とても忙しい生活の中で時間に追われ

ストレスが積み重なってくると、攻撃的になることがあります。自分の言いたいことを冷静に考えて表現したり、パートナーに関心を向けて理解しようと努力する余裕がなくなってしまうのです。そのような人でも、カップル・セラピーに来て、きちんと時間と場所が確保されたなかでお話をうかがうと、攻撃的になることなく、きわめて冷静に自分の気持ちや考えや欲求をパートナーに伝えることができることがよくあります。

⑦疲れている

疲れていると、多くの人は落ち込んだりして元気がなくなり、自己表現も消極的で受け身的になりがちですが、逆にイライラして攻撃的になる人もいます。心身の活動水準が低下した状況でも神経が過敏になり、パートナーの些細な言動が自分を脅かすものに感じられて、強く攻撃的な反応をしてしまうのです。

## 3　アサーティブな自己表現

### ❶アサーティブな自己表現とは

ここまで、非主張的な自己表現と攻撃的な自己表現についてみてきましたが、これらとは異なる第三のタイプがアサーティブな自己表現です。これは、自分の気持ちや考えや欲求を率直に正直に表現し、なおかつ相手にも関心をもって、相手の気持ちや考えや欲求も大切にし理解しようとする、自他尊重のコミュニケーションです。I'm OK. You are OK. と表現することができます。

「私はこう思う」「私はこんな気持ちなんだ」「私はあなたにこうしてほしい」「私はあなたにこれはやめてほしい」など、きちんと自分の心の中にあることを伝えます。このように「私は」を主語にして表現する伝え方をアイ・メッセージ（I message〈私はメッセージ〉）といいます。一般的に日本人は英語ほど主語を明確にして話しませんが、「私」を意識して伝えることはとても重要です。

こうして自分の心の中にあることを伝える点だけに注目すれば、攻撃的な自己表現とは大差ないのかもしれません。しかし、アサーティブな自己表現は「自他尊重」がベースにあるので、パートナーはどんな気持ちなのか、どんなことを考えているのかに関心をもって、耳を傾け理解しようとします。つまり、「表現する」「伝える」だけでなく、「聴く」「理解する」「受けとめる」ことも大事にします。「僕はこう思うけれど、君はどう?」「私はこんなふうに感じるけれど、あなたの気持ちを聴かせて」など、パートナーの自己表現を引き出し理解しようとします。

## ❷アサーティブな自己表現ができる人の特徴

アサーティブな自己表現ができる人は、たとえ愛し合っている夫婦・カップルどうしでも、まったく異なる個性をもった二人の別々の人間なのだから、気持ちや考えや欲求が異なるのはむしろ当然だと考えています。そして、自分らしさを大切にし、パートナーのその人らしさも大切にしたいと思っているので、なるべく二人が満足のいく結果を出したいと考えます。そのためにも、安易に妥協したり、パートナーを服従させようとするのではなく、面倒くさがらずにパートナーと話し合って歩み寄ろうという姿勢があります。

また、適度な自信と謙虚さをもち合わせています。基本的には自分に対して自信をもっているのですが、だからといって常に自分が正しいという尊大で傲慢な気持ちをもっているわけではありません。時には自分も間違うことはあるし、失敗することもあるし、不完全な人間だし、パートナーには自分にないよいところがある、というような謙虚さです。こうした適度な自信と謙虚さがあるからこそ、パートナーの気持ちや考えや欲求にも関心をもち、きちんと聴こう、理解しようと思えるのです。

さらに、アサーティブな自己表現ができる人は、パートナーに対する感謝やねぎらい、励ましやほめることなど、肯定的なメッセージを上手に伝えることができるという特徴があります。「ありがとう」「大変だったね」「大丈夫？」「それ、とっても似合っているよ」など、ちょっとした言葉かけが無理なく自然にできるのです。米国のゴットマンの研究では、長期間にわたって親密な関係を保てるカップルとそうでないカップルとの大きな違いの一つとして、このような肯定的なコミュニケーションの頻度が大きな意味をもつことが明らかになっています（Gottman & Silver, 1999）。

ところで、アサーション・トレーニングを受けた人から、何度かこんな疑問を投げかけられたことがありました。それは、「相手がアサーティブであれば、自分もアサーティブに自己表現できる自信はあるけれども、相手がアサーションについて知らなかったりアサーティブではなかったりしたら、アサーティブに対応するのは難しいですよね」というものです。確かにそうかもしれません。しかし、世の中の大半の人はアサーションという言葉すら知らないし、みんながアサーティブに自己表現できるのであれば、わざわざアサーションについて学ぶ必要もありません。相手が非主張的な場合、どのようにかかわったら相手が心を開いてくれるのか、反対に相手が攻撃的な場合、どうしたら相手が落ち着いて話してくれ、自分の話に耳を傾けてくれるようになるか、その変化の鍵は自分自身がもつ必要があります。

## ❸自分の弱さを認め表現することもアサーティブ

ここまでの説明で、もしかしたらアサーティブな自己表現ができる人とは、はきはきとしっかり伝えたいことを伝えられて、相手の話も落ち着いて聴ける人というイメージをもたれたかもしれません。そのような人はほとんど非の打ちどころのない完璧な人といってよいでしょう。

しかし、ここで心にとめておきたいことがあります。それは、自分の弱さを認めて表現することも、とてもアサーティブだということです。さみしい、悲しい、つらい、苦しい、自信がない、どうしたらいいかわからない、といった感情を抱くことは、誰にとっても起こりうることですが、自分でそれを認めるのは簡単なことではありません。ましてや、それをパートナーに素直に表現するのは勇気がいります。しかし、「自分に率直に正直に」というアサーションの定義からすれば、こうした弱い自分を認めること、それをパートナーに表現することも、とてもアサーティブなことなのです。

自分に素直になり、パートナーにありのままの自分を見せ、パートナーが受容してくれたら、二人の絆はいっそう深まるでしょう。

## ❹納得して譲ることもアサーティブ

何かについてパートナーと意見がくい違ったり、調整が難しかったりすることも時に起こるでしょう。そんなとき、自分の気持ちや考えを何とか押し通そうとしたら攻撃的になってしまうでしょうし、反対にパートナーが気分を害することや二人の関係へのマイナスの影響を心配して言いたいことが言えないとしたら、非主張的になってしまうでしょう。

ある夫婦のエピソードです。二人は三十代前半の共働きで、三歳の娘を保育園に預けていました。平日は二人とも仕事に子育てに忙しかったため、土日は仕事をしないで家族で過ごすことを大切にしてきました。しかし、あるとき夫が職場で大きな仕事を任されることになり、ゴールデンウィークに二泊三日で開催される研修に参加したいと申し出たのです。妻は当然反対しました。休日は家族で過ごすという約束をずっと守ってきましたし、すでに連休中の旅行の計画も立て始めていたからです。しかし、夫と何回か話し合ううちに、夫にとってその研修に参加することがいかに大事かということが妻には理解できました。そして、何よりも夫自身も連休に家族で旅行に行けないことを非常に残念に思っていることがわかり、「今回はしかたがないな」と心から納得し、「研修に参加してたくさんのことを吸収してきてね」と言えたのです。

「自分の気持ちや考えや欲求を率直に正直に」ということは、ずっと同じことを言い続けることではありません。パートナーと話しているなかで自分の気持ちや考えが変わることもあり得るでしょう。自分の心や頭や身体の中で動いていることや感じていることに素直に耳を傾け、その変化に正直にということも、アサーティブな自己表現なのです。

### ❺きっぱりとノーを言うこともアサーティブ

また、「自分も相手も大切に」というのはアサーションの基本ですが、時にはとにかくきっぱりとノーを言うことがアサーティブだという場合もあります。

カップル・セラピーを受ける夫婦には、妻が夫に「一緒にカップル・セラピーに行ってくれないのなら離婚するから」と迫り、夫は渋々妻と一緒に来談する場合があります。この妻の発言は、夫婦関係を続けていくかどうかについて夫と一緒に専門家に相談したい、夫が一緒に行かないということは受け入れられない（ノー）と思って言ったのであれば、アサーティブな自己表現だといえます。

夫婦・カップルの関係にかぎらず、すべての人間関係において、自分が相手に脅かされていると感じるとき、大切にされていないと感じるとき、不愉快な言動をされていると感じているときに、相手の気持ちや考えはちょっと横に置いてでも、まずきっぱりとノーを伝えることが最大限のアサーションといえることがあります。「こういうことはやめてほしい」「そう言われるのはいやだ」「そんなふうに言ってほしくない」「このままだとあなた（君）との関係は続けていけない」など、自分の気持ちや考えを率直に伝えるのです。そして、ノーが相手の心にきちんと届いてから、相手の話に耳を傾けても遅くはありません。

## 4 日本人の自己表現の変化

アサーション・トレーニングが日本に紹介された一九八〇年代には、日本人は全般的に非主張的な人が多いといわれていました。しかし、最近では必ずしもそうではなくなっており、とにかく自分のことを優先したがるような攻撃的な自己表現をする人が増えているようです。

また、男女でいえば、攻撃的な自己表現は男性に多く見られ、非主張的な自己表現は女性に多く見られると考えられてきましたが、最近では攻撃的な自己表現をしがちな女性や非主張的な傾向の強い男性も決して珍しくありません。単純に、男性はこう、女性はこう、というようなステレオタイプは通用しなくなっています。

## 5 自分の自己表現について理解する

さて、アサーションとは何か、そして自己表現の三つのタイプについて、理解していただけたでしょうか。また、自分自身の自己表現やその傾向については理解できたでしょうか。

この三つの自己表現は、誰にでもみられるものです。一〇〇パーセント非主張的な人もいなければ、一〇〇パーセント攻撃的な人もいないし、ましてや誰に対しても常に一〇〇パーセントアサーティブに自己表現できる人もいないでしょう。自己表現のしかたは、相手や場面によって異なります。たとえば、職場では非主張的でも家庭では攻撃的とか、上司に対しては非主張的でも部下に対しては攻撃的で、家族の中では、パートナーに対しては非主張的であるけれども、子どもに対しては攻撃的とか、パートナーに対してアサーティブになれるときもあるけれども、話し合いの場面では攻撃的などさまざまです。

よりアサーティブになるためにまず大事なことは、自分は誰に対してどのような自己表現をしているか、とくにパートナーに対しては、どのようなときにアサーティブに自己表現できるのか、一方でどのようなときに攻撃的になってしまったり非主張的になってしまったりするのか、これまでの二人の関係をふり返ってみてまず理解することです。そして、一〇〇パーセント常にアサーティブになることをめざすのではなく、まずどこをどんなふうに変えていきたいのか焦点を絞ることです。

自分の自己表現の傾向を理解するために、次のエクササイズをやってみてください。

〈エクササイズ1〉パートナーに対する自己表現の傾向を知る

1　パートナーに対して、非主張的になってしまう場面、攻撃的になってしまう場面、アサーティブに自己表現できる場面とそのときの会話例を、それぞれ10個ずつ書き出してみましょう。

2　次に、非主張的になってしまう場面と攻撃的になってしまう場面について、よりアサーティブな自己表現に変えていく場合、比較的簡単にできそうなもの(1)から、アサーティブに表現するのが難しそうなもの(10)まで、難易度をつけてみましょう。

※目標を高く掲げることよりも、小さな変化を積み重ねていくことが大切です。まずは難易度の低いものから取り組んでいきましょう。

# 第６章　自己信頼を高めアサーション権を確信する

ここまでで、三つの自己表現についておおよそ理解でき、パートナーに対する自己表現の傾向について理解できたとしても、すぐにアサーティブな自己表現ができるようになるわけではありません。具体的な言動が変わるためには、まず心の中が変わることが必要です。ここでは、自己信頼を高めること、そしてアサーション権について知り確信することについて説明します。

## １　自己信頼を高める

心の中をアサーティブにするために大切なこととして、まず自己信頼を高めるということがあげられます。

### １　自己信頼とは

自己信頼とは、文字どおり自分を信頼するということですが、言い換えれば、自分を拠り所にできる、自分自身を頼ることができる、自分をあてにできる、という意味です。自己信頼ができていれば、パートナーとの関係において不安や緊張感に押しつぶされたり、イライラに圧倒されたりしないでアサーティブな言動をしやすくなります。反対に自己信頼が十分でないと、非主張的になったり攻撃的になったり、不適切な言動をしやすいのです。自己信頼は、自己理解、自己受容、自尊心の三つの要素が関連し合って成り立っています。

## ❶自己理解

自己理解とは、自分自身をよく理解できているということですが、これには二つの意味があります。一つは、自分がその時その時に感じていることや考えていることに気づき、どれだけ意識化できるかです。アサーティブに自己表現したいと思っていても、自分が何を感じているのか、何を考えているのか、何を相手に伝えたいのかを意識化できなければ、適切な言葉にして相手に伝えることはできません。つまり、自分の心の中や頭の中で動いていること、身体で感じていることに細やかに気づくということです。

もう一つの意味は、一人の人間としての自分自身をよくわかっているということです。自分の長所と短所、優れているところと劣っているところ、成功したことと失敗したこと、結果的にうまくいかなかったこととそれまでの努力など、自分の肯定的側面と否定的側面の両方をバランスよく理解することが重要です。自分によいところがあるにもかかわらず見ようとしなかったり、過小評価して自分の否定的側面ばかりに目が向いていると、自分の全体が否定的に見えてきてしまい、非主張的になりがちです。また、否定的な面を隠そうとして攻撃的になる人もいます。一方、自分の肯定的側面ばかりに目を向けていて、否定的側面を否認したり、パートナーからの指摘に耳を傾けなかったりすると、本当は改善したほうがよいところがあったとしても、自分の都合のいいように解釈し、パートナーの意見に耳を傾けずに攻撃的になります。

また、自己理解のしかたはパートナーをどう理解するかにも影響を与えます。自分を否定的に見がちな人は、パートナーに対しても否定的に見がちだったり、反対にパートナーのことはよいところばかり見てしまったりします。また、自分の肯定的側面ばかり見る人は、どちらかといえばパートナーに対しては否定的側面ばかりを見るようです。

### ❷自己受容

自己受容とは、自分自身を受け容《い》れることです。自分はこうありたい、こうなりたいという理想をもっていても、多くの人は現実の自分とのギャップを感じるのではないでしょうか。そのようなときに、「こんな自分はダメだ」と否定するのではなく、「今の自分はこうなんだ」とありのままを認めて受け容れるのです。それは、「自分はこの程度なんだ」と諦めることではありません。自分を少し優しい目で見直す、自分に対して少し寛容になる、自分の不完全さを許すということです。こうして自分をありのまま受け容れられれば、卑屈になることも尊大になることもなく、ありのままの自分で人とつきあうことができるでしょうし、「もっとがんばろう」と思えるでしょう。

また、自分をありのままに受け容れることは、パートナーをありのまま受け容れられることにもつながります。パートナーの失敗や不完全さや短所に対して、過度に失望したり怒りを覚えたりせず、現実的に受け容れることが可能です。したがって、自己受容できている人ほど、パートナーに対しても受容的になることができ、あたたかい態度で接することができます。

## ❸自尊心

自尊心とは、プライドということではなく、自分を大切に思う気持ちのことです。自分を大切にできるからこそ、自分の気持ちや考えや欲求をパートナーにわかってもらおう、伝えようという気持ちにもなれるのです。そして、パートナーの自尊心を尊重する態度にもつながります。

したがって、自尊心が十分に育っていないと、「私の気持ちや考えなんて、大したことではないし……」と考えてしまい、何も表現しようとしなかったり、パートナーに合わせてしまうという非主張的な自己表現につながるでしょう。また、攻撃的な自己表現をよくする人は、一見すると自分を大切にしているように見えますが、本人も気づいていない心の深いところでは、自分を大切にするという感覚をもてていません。そのために、パートナーを大切にするゆとりもないのです。

## 2 自己信頼を高めるために

では次に、自己信頼を高めるために、以下のエクササイズをやってみましょう。

〈エクササイズ2〉自分のプラス面をみつけ直そう

©日本・精神技術研究所

次の各問いについて、答えを箇条書きであげてみましょう。設問だけ読むと、とても難しいことをたずねられている感じがしたり、自分には書けるものはないと思うかもしれません。しかし、ヒントを読めば、少し書きやすくなるでしょう。また、「こういうことを人はどう思うか」ということは、ここでは一切考えないようにしてください。つまり、人からどう評価されるかを気にしないでください。そして、自分に対して少し優しい気持ち、寛容な気持ちでふり返りながら考えることが大切です。とくに、ふだんから自分に対して厳しい評価をしがちな人は、その見方はちょっと横に置いておきましょう。書きやすい設問のところから書いてください。そして、一つの設問になるべく二つ以上を記述するように心がけてください。

**1　あなたにとって使える能力は何ですか？**

**[ヒント]**　自分にとって使える些細な能力でかまいません。優秀な能力でなければいけないということではありません。たとえば、「どこでもすぐに眠れる」とか、「道に迷うことなく目的地に行ける」などです。

**2　以前のあなた（一年前、五年前、結婚当初、子どもの頃など）と比べて、成長したと思うところは、どのようなところですか？**

［ヒント］　一年前の自分と比べて、五年前と比べて、結婚当初と比べて、まだ自分自身が幼かった頃と比べて、人は必ず成長しています。苦手だったことや避けていたこと、できなかったことが、ほんの少しでもできるようになったなど、具体的で小さなことでもかまいませんし、抽象的で大きなことでもかまいません。たとえば、「初対面の人と会うとき、今でも少しは緊張するけれども、学生の頃よりもずいぶんと楽になった」「結婚当初と比べて、あまり家事を苦痛に感じなくなった」などです。

**3　あなたがこれまでの人生で、自分なりにがんばってきたこと、困難だったことはどのようなことですか？**

［ヒント］　これは、がんばったけれども乗り越えられなかったということでもかまいませんし、今まさに乗り越えようとがんばっている最中ということでもかまいません。たとえば、「親の介護」「仕事と子育ての両立」「職場での上司との葛藤」などです。

**4　妻として（夫として）、あなたが大切にしていることや心がけていることは、どのようなことですか？**

［ヒント］　これは自分が大切にしていることや心がけていることですから、パートナーがそれに気づいているかどうか、わかっているかどうかはここでは気にしないでください。たと

えば、「栄養のバランスを考えた食事を作っている」「毎朝『おはよう』と必ず声をかけるようにしている」「『ご苦労様』と声をかけるようにしている」などです。

**5　あなたがパートナーにほめてほしいと思うこと、認めてほしいと思うことは何ですか？**

**［ヒント］**　これは、自分自身の容姿、持ち物、行動など、何でもかまいません。たとえば、「最近買った、安いけれどもお気に入りのアクセサリー」「毎朝子どもたちのお弁当を作っていること」「ものすごいストレスの中で、がんばって仕事をしていること」などです。

いかがでしたでしょうか。自分のことをちょっとだけ好きになれた感じがしたでしょうか。

ふだん私たちは、自分の失敗や欠点や短所に目を向けがちであり、まわりからもそのような評価しか返ってこないことも珍しくないために、自己理解はマイナスに偏り、自己受容は難しくなり、自尊心も低下しがちです。それゆえに、誰かからプラスに評価されたいという願望を強く抱きますし、その相手がパートナーであることもしばしばです。確かに、誰かからプラスに評価され、ありのままの自分を受容される体験は非常に重要ですが、そもそも日本人は人をほめたりするようなプラスのフィードバックが苦手です。そのために、プラスの評価を他者に求めれば求めるほど、失望や落胆も大きくなりがちです。

したがって、大切なのは、まず自分で自分のプラス面をきちんと認識し、それを認め受け容れることです。人から支えられることも大切なのですが、自分で自分を支えることも、同じくらい大切なのです。

## 2　アサーション権について理解し確信する

心の中をアサーティブにするために大切なことの二つめは、アサーション権、すなわち自己表現の権利について知り確信するということです。

### 1　基本的人権としてのアサーション権

#### ❶生まれながらにして与えられている権利

アサーション・トレーニングでは、アサーション権は基本的人権の一つとして紹介されています（平木、二〇〇九年）。つまり、私たちがこの世に生まれたときから与えられている権利だということです。「権利」という言葉は、私たち日本人にはなかなかなじみにくいものかもしれません。それは、日本が欧米諸国のような個人主義とは異なり、個人よりも集団が優先されるような歴史が長かったこととも関係しているかもしれません。また、「権利をふりかざす人」という言葉があるように、「権利を認めること」＝「自分勝手な行動を助長する」と考える人も少なくないようです。確かに、近年ではクレーマー、モンスター・ペアレント、さらにはモンスター・ペイシェント（患者）という言葉があるように、自分の権利を強く主張して相手を追い詰めようとする人が増えていますが、そもそもこれは「権利」について誤解し間違った使い方をしていることが問題であって、「権利」があること自体が問題なわけではありません。

「権利」というものは、実は「～してよい」ということをいっているのです。ですから、アサーション権とは、「自己表現しなければならない」とか、「自己表現をしなさい」ということを言っているのではなく、「自己表現してよい」という意味なのです。「自分は自分の気持ちや考えや欲求を表現してよいのだ」と思えていないと、非主張的になってしまう可能性があります。反対に、「自分の気持ちや考えや欲求を、自分が好きなように表現して何が悪いんだ!!」と思っていると、攻撃的になってしまう可能性があります。かつては、女性は家庭の中でのアサーション権が軽視され、男性に服従を強いられる弱い立場にいたかもしれません。一方の男性は、職場の中でのアサーション権が軽視され、自分の感情や欲求に向き合わないようにし、自分らしさを押し殺して適応せざるをえなかったかもしれません。こうした傾向は現在でも少なからず見られますが、それはとても残念なことだと思います。

### ❷誰にでも平等に与えられている権利

アサーション権は、生まれながらにして与えられている権利だということと同じくらい大事なのが、アサーション権は、誰にでも与えられている権利だということです。つまり、人種、国や地域、年齢、職業、性別などによって差別されるものではなく、家族の中でいえば、親にも子どもにも平等に与えられているし、夫にも妻にも平等に与えられている権利なのです。親も子どももお互いに自己表現してよいし、夫も妻も同じようにその権利をもっていて、夫にはあって妻にはないわけではないし、妻にはあって夫にはないわけでもありません。

しかし、日頃から非主張的な傾向が強い人は、自分にアサーション権があることになかなか自信をもてません。自分の気持ちや考えや欲求を表現してよい、と思うことが難しいのです。そして、結果的にパートナーのアサーション権だけを大切にしがちです。ですから、「パートナーのアサーション権は認められるのに（あるいは認めてしまうのに）、自分にアサーション権があると思えないのは、どうしてなんだろう？」と疑問をもつことからスタートしましょう。

一方、日頃から攻撃的な傾向が強い人は、自分のアサーション権についてはしっかり自覚して行使しているのですが、パートナーにも自分と同じようにアサーション権があるということを意識していません。もし、パートナーのアサーション権を認めたくない気持ちがあるとしたら、自分でも気づかない心の奥底にパートナーに対する差別的な意識があるかもしれませんし、パートナーの自己表現を恐れる気持ちがあるのかもしれません。しかし、自分がパートナーのアサーション権を大切にしなければ、パートナーも心からあなたを大切にしようと思ってくれることはないと考えたほうがよいでしょう。

## ❸アサーション権を確信することによる心と行動の変化

ところで、自己表現の権利としてのアサーション権を確信することが、どうして大切なのでしょうか。アサーション権を確信することによって、心と行動はどのように変化するのでしょうか。ここで、患者と医師の関係における「知る権利」を例として考えてみましょう。

かつての日本では、医師は「お医者様」ともいわれており、多くの患者は、医師を自分よりも偉い人、立場が上の人と考えていました。そして、自分の症状や病名、治療法や予後などについて、本当はいろいろと訊いて詳しく知りたいという気持ちがあっても、なかなかそのことを率直に言えない人も少なくありませんでした。「お医者様」は忙しい、ほかにもたくさん患者さんを抱えているから、自分のために時間を余計に割いてもらうのは申し訳ない、自分が不安に思っていることや心配していることを話したら、「信用していないのか」と怒られたり、「ほかの病院で診てもらえ」と見捨てられるのではないか、など、いろいろな思いがあって、訊きたいことを率直に訊くことが難しかったことでしょう。

最近では患者の「知る権利」やインフォームド・コンセントが広く知られるようになったことで、患者が自分の症状や病名、治療法や予後などについて、医師に説明を求めやすくなったでしょう。それは、誰もがもっている当然の「権利」として、説明を求めてもよいということが言われるようになり、自分でもそれを納得できているからでしょうし、「自分の身体も命も、自分自身のものである」という意識にもつながっているからでしょう。つまり、「権利」を理解し納得することによって、心も行動も変わりうるのです。

一方で、最近は「お医者様」に代わって「患者様」という言葉が使われるようになりました。この言葉の是非については、医療関係者の中にもさまざまな意見があるようですが、もし患者自身が心のどこかで「自分は患者様だ」と思っていたとすると、自分の権利ばかりを強く主張する攻撃的な自己表現になってしまい、医師や看護師などを不当に責めてしまうという危険性はあるかもしれません。

## 2　夫婦・カップルにおけるアサーション権

アサーション権は、具体的な項目を数えると百以上あるといわれますが（平木、二〇〇九年）、ここでは基本的なものを中心に、夫婦（カップル）の関係に即して説明をしていきます。

### ❶誰でも、パートナーに自分の気持ちや考えや欲求を表現してよい

これは、アサーション権の中でも最も基本となるものです。誰でも、パートナーに自分の気持ちや考えや欲求を表現してよいのです。夫であれ妻であれ、外で働いていようと家庭の中にいようと、収入が多かろうと少なかろうと、私たちは一人ひとりが人間として尊重され、自己表現をしてよいのです。

しかし、とりわけパートナーに対して非主張的な傾向が強い人は、自分自身にこの権利があることを自覚していなかったり、確信がもてなかったりしがちです。どこか自分に対して劣等感や

引け目や負い目、あるいは罪悪感を感じるところがあり、「自分には何も言う権利はない」と思い込んでしまっているかもしれません。また、パートナーや親族から否定的な言葉を頻繁に受けていると、いつの間にか自分でも権利を放棄してしまうかもしれません。

一方、パートナーに対して攻撃的な傾向が強い人は、自分にこの権利があることは強く確信しているのですが、パートナーにも自分と同じようにこの権利があるとは思えていないかもしれません。「女だから」「働いていないから」「稼ぎが少ないから」「男らしくないから」とさまざまな理由をつけて、パートナーの自己表現の権利を奪っているかもしれません。そして、その根底には、パートナーが自分と対等に自己表現することに対する強い不安が隠されています。

## ❷私たちは、パートナーとの関係において、自分らしさを大切にしてよい

たとえ深く愛し合っている夫婦であっても、お互いに趣味や行動様式や価値観、そして生き方にいたるまで、常に同じなどということはありません。また、自分が自分自身に対して望むことと、パートナーが自分に対して望むことも、一致するとはかぎりません。しかし、だからといって、自分らしさに目をつぶったり、自分らしさを犠牲にして生きるのももったいないことです。人間は一人ひとりがかけがえのない存在であるということは、それぞれの自分らしさが大切にされてよいはずだということですし、それは夫婦（カップル）の関係においても同じです。

自分はこういうことが好きだけれどこういうことは嫌い、こんな生活をしていきたい、こんな

人生を送っていきたい、といったことは、夫婦であっても同じとはかぎらないし、話し合ってすぐに妥協点が見いだせるわけでもありません。時には真剣な話し合いとかなりの時間が必要になることもあるでしょう。しかし、そこから目を背けないでパートナーと話し合い、自分らしさを伝えていくと同時に、パートナーの自分らしさも理解しようとすることも大事でしょう。

## ❸真面目に聴き、受けとめてほしいとパートナーに求めてよい

私たちはパートナーに自分のことを理解してほしい、受けとめてほしいという期待をもっています。だからこそ、自分の話をきちんと聴いてほしいと思うのであり、それも権利の一つです。もし、パートナーが忙しくて話をする時間がなければ、「近いうちに話し合う時間をつくってほしい」と言ってもよいでしょう。あるいは、話をしていても自分の心配や不安が伝わらず「気にしすぎだよ、気にしすぎ」と軽く言われて十分わかってもらえていないと思ったら、「確かにあなた（きみ）の言うとおり、私（僕）の気にしすぎかもしれない。でも、そういう私（僕）の不安をもう少しわかってほしい」と言ってもよいでしょう。

ついつい私たちは、こうした些細な「もう一言」をきちんと表現しないで、「ああ、この人は私の話を聴く気がないんだ」と思ったり、「私の身になって考えてくれない人なんだ」と決めつけたりして、結果的に非主張的になることがしばしばあります。あるいは、そうした失望感から急に怒りがこみあげてきて、「あなた、私の話を聴く気があるの？」とか「もっと僕の立場に

なって考えろよ」と爆発したりしがちです。

ですから、真面目に聴いてほしい、受けとめてほしい、理解してほしいということを、パートナーを責めるかたちではなく、落ち着いて表現することが大切です。また、話を聴いてほしいからといって、パートナーが疲れ切っているところを捕まえて話そうとしたり、くどくどと一方的に話し続けるだけでは、自分で自分の権利をうまく使えていないことになりますから、パートナーの様子をよく見たり、自分の話し方をチェックすることも大切です。

## ❹私たちは、パートナーに対して不完全であってよい

私たちは人間です。人間であるかぎり誰もが不完全で、時には失敗をすることがあります。パートナーとの関係でいえば、たとえパートナーのことを深く愛し思いやりをもっていたとしても、時にパートナーの意に反する言動をしてしまったり、場合によっては傷つけてしまうこともあるでしょう。

ある夫が、会社で一生懸命働こうとしない部下のことで悩んでおり、どうしたら部下のやる気を引き出せるのかを考えていたのですが、妻は「そんな部下やめさせちゃえばいいのよ」と明るく笑って答えました。それを聞いた夫は、「そんな簡単にはいかないことだから悩んでいるんだろう。もう少し真面目に僕の話を聴けよ」と怒って部屋を出て行ってしまいました。妻としては、決していい加減な気持ちで夫の話を聞いていたわけではないし、悩んでいる夫を見て、元気を出

してもらいたい、励ましたいと思って言った言葉でした。しかし、その時に夫が求めている共感的な言葉ではなかったのです。

このような行き違いは、夫婦（カップル）の間ではよく起こります。非主張的な傾向の強い人は、自分が不完全であることに対して過度に引け目や負い目を感じてしまうために、パートナーに対して率直に自己表現することが難しくなりがちです。一方、攻撃的な傾向の強い人は、パートナーが不完全であることを受け入れられず、些細な失敗でも、強く責めがちです。大事なことは、私たちはパートナーに対して完璧になることはできないことを認めたうえで、自分はパートナーを失望させたり傷つけてしまうことがあり得るし、パートナーから失望させられたり傷つけられたりすることもあり得るという前提で、コミュニケーションをしていくことでしょう。そして、もしパートナーを失望させたり傷つけたりしてしまうような言動をしてしまったら、そのことをきちんと認め、謝り、関係を修復していく努力をしていくことです。

### ❺パートナーにしてほしいこと、してほしくないことを言ってよい

日々の生活の中で、パートナーにしてほしいことやしてほしくないことがたくさんあるでしょう。そうしたことは、パートナーに表現してよいのです。たとえば、「今日はすごく疲れているから、夕食を代わりにつくってほしいんだけど」「月三万円のお小遣い、せめてあと五千円アップしてくれない？」「子どもの受験をどうするか、一度時間をとってじっくり話し合いたい」な

ど、日常的な些細なことから家族としての一大事まで、いろいろなことにかかわってくるでしょう。しかし、非主張的な傾向の強い人は、パートナーに負担をかけたくないとか、パートナーが気分を害してしまうのではないかと心配したりして、はじめから諦めて言わないことがよくあります。また、せっかく言ったにもかかわらず、とても遠慮がちに言ったり小さな声で言ったりするために、パートナーに十分気持ちが伝わらないこともあるでしょう。

もちろん、自分がパートナーにしてほしいことやしてほしくないことを伝えたからといって、すぐにパートナーが理解してくれて同意してくれるとはかぎりません。パートナーのそのときの状況にもよるでしょうし、自分にとっては重要なことでもパートナーにとってはさほど重要なことではない場合もあり、お互いの価値観の違いが影響しているかもしれません。だからといって、パートナーにしてほしいことやしてほしくないことを言ってはならないわけではありませんし、言ってもムダと決めつけるのは早すぎる場合もあるかもしれません。いつ、どんなふうに、どんな言葉で伝えるかを考えねばなりませんが、その前提として、「言ってもよいのだ」ということを自分自身で確信することが必要です。

### ❻パートナーからの依頼や要求を断ってもよい

パートナーにしてほしいことやしてほしくないことを言ってよいのと同じように、パートナーから頼まれたことや求められたことを断ってもよいのです。たとえば、パートナーから、「今日はすごく疲れているから、夕食を代わりにつくって」と言われたら、それを必ず受け入れなければならないわけではありません。もし、自分自身も体調が悪いようなときには、たとえば、「ごめん。風邪引いちゃったみたいで、昼から熱っぽいんだ。今日は休ませて」と言ってもよいのです。あるいは、日中の子育てで非常に疲れ切っているときにパートナーからセックスを求められた場合に、「今日は一日外で子どもと一緒に遊んで疲れているから、そういう気になれないの」と言ってもよいのです。

私たちはつい、パートナーとの関係を大切に思うと、小さなことでも断りにくくなります。本当は断りたいのに、パートナーの気分を害したくない、傷つけたくないと思ったり、頼まれたことや求められたことに答えなければならない、と義務のように感じたりすることもあるでしょう。しかし、本当は断りたいのに断らないでパートナーの言うことを受け入れるのは、果たしてパートナーのことを大切にしているといえるのでしょうか。もちろん、断ることによって、パートナーが傷ついたり、怒ったり、二人の間に葛藤が生じたりすることもあるでしょう。でも、だからといって自分の本心である「断りたい」という気持ちに耳を傾けなくてよいのでしょうか。

日頃から非主張的な傾向の強い人は、断るのは「申し訳ない」「悪い」と思いがちで、ついパートナーの要求を受け入れてしまいます。しかし、断ること自体はわがままなことでも悪いことでもありません。断るときに、攻撃的でなくアサーティブに断ることが大切なのです。

攻撃的な傾向が強い人は、自分の頼む権利は強く意識しているにもかかわらず、パートナーの断る権利を認めることが難しいようです。自分の頼む権利ばかりを意識しないで、パートナーの断る権利を認めることが、パートナーを大切にすることにつながります。

## ❼パートナーとの関係において、傷つくことがあってよい

傷つく権利といわれるものもあります。傷ついてよいなんて、なんだか変な権利だと思われるでしょう。しかし、私たちはパートナーの言動によって傷ついたり、反対に自分では傷つけるつもりはまったくなかったのに、パートナーが傷ついてしまうことがあります。

傷つく権利とは、パートナーとの関係の中で自分が傷ついたとき、傷ついた自分を否定せずにありのまま認めてよいということです。もしかしたらパートナーは、「別に傷つけるつもりではなかったんだから、大目にみてよ。そんなに深刻に考えないでよ」と言うかもしれません。でも、傷ついているのは自分ですから、「こんなことで傷つく自分がおかしいのかな」と自信をなくす必要はないし、反対に、傷ついた自分をバカにされたとパートナーに怒りをぶつける必要もなく、傷ついたということをアサーティブに表現すればよいのです。

反対に、自分の言動によってパートナーが傷ついた場合、「自分は傷つけようと思ってあんなことを言ったのではない」と自分を正当化したり、妙な理屈をこねてパートナーが傷ついたことを否定するのではなく、まずはパートナーが傷ついたことを認めて受け入れましょう。そして、パートナーの話に耳を傾け、パートナーが何を望んでいたのか、何に傷ついたのかを理解するよ

うに努力しましょう。

### ❽自己主張しない権利

アサーション権、つまり自己表現の権利について述べてきたにもかかわらず、自己主張しない権利が登場するのは、「あれっ?」と思われるかもしれません。アサーションについて学んだ人には「いつでも、どこでも、誰に対してもアサーティブであるべきだ（アサーティブでならなければならない）」という誤解が生じることがあります。しかし、常にアサーティブであることは不可能ですし、必ずしもよい結果をもたらすとはかぎりません。

たとえば、パートナーに言いたいことはあるけれども、パートナーがものすごく疲れていて、自分の話をじっくり聴くゆとりがないときや、これを言ったらパートナーが非常に深く傷つくことがわかっているときには、「言わない」という選択をしてもよいのです。この「言わない」は「言えない」とはまったく違います。「言わない」は自分の意志でそうしているのであり、責任は自分にあると自覚しているので、自己信頼が揺らぐことはありません。しかし、「言いたいのに言えない」は、自分ではなくパートナーに責任があると言いたいのかもしれません。アサーティブな自己表現とは、何でもかんでも相手に伝えるということではなく、自分の意志と選択で自己表現するかしないかを決められるようになり、コントロールできるようになることなのです。そして、コントロールとはがまんするとか抑えるという意味ではなく、表現するかしないか、表現するとしたらいつどのように表現するかを自分で決められるということなのです。

日頃から自分のことを非主張的な傾向が強いと思っている人の中には、実は「言えない」だけでなく、アサーティブに「言わない」という選択をできている人が少なくありません。自己主張しない場面の中で、「言えない」ときと「言わない」ときを区別して理解しておくとよいでしょう。

## 3　アサーション権を守り行使する

さて、アサーション権は、生まれながらにしてすべての人に与えられていると述べましたが、しかし、だからといって保証されているわけではありません。ほとんどの人はアサーション権という言葉すら知らないのが現実ですし、アサーション権を妨げるような人や状況が多くあるのも事実です。

しかし、だからこそ、まず自分自身でアサーション権について理解し、納得し、確信することが大切です。アサーション権は自分にもあるし、パートナーにも同じようにあります。そのような意識が、アサーティブな自己表現を可能にする確かな基盤になるのです。

# 第7章　ものの見方・考え方とアサーション

私たちがパートナーとの関係の中で、どんな気持ちを抱き、どのように自己表現をするかに大きく影響を与えているのが、自分自身のものの見方・考え方です。

## 1　ものの見方・考え方が自己表現に及ぼす影響

### 1　ABC理論

ものの見方・考え方が私たちの自己表現のあり方にいかに大きな影響を与えているかを説明しているのが、アメリカの心理療法家アルバート・エリスのＡＢＣ理論です（図８）。

Ａは Activating event（きっかけとなった出来事）の略で、自分が体験した出来事や状況、あるいはパートナーの言動などです。Ｃは Consequence（結果）の略で、Ａに対する結果です。具体的には自分が体験した感情やストレス、あるいは反応としてのパートナーに対する言動で、自分はこう言った、こうした、こう感じた、というようなことです。そして、Ｂは（Belief）の略で、自分のものの見方・考え方を表しています。

ふだん私たちは、パートナーとの関係の中でストレス（C）を感じると、それはパートナーの言動（A）によってもたらされたとみなしがちです。言い換えれば、原因（A　パートナーがこんなことを言った、こんなことをした）と結果（C　私はこんな気持ちになった、ストレスを感じた、パートナーにこう言った）という単純な見方をし、自分が体験したストレスを軽減し感情を変化させるためには、パートナーが言動をあらためてくれないとだめだと思いがちです。そして、原因であるパートナーを変えようと必死になって攻撃的になったり、あるいは何も言わないで不満をため込むという非主張的な対応になってしまいます。

ところが、よくよく考えてみると、パートナーのある言動（A）が、誰に対しても同じような結果（C）をもたらすわけではなく、どのような感情やストレスを抱きどのように自己表現するか（C）は、人によって大きく異なります。その違いを生み出しているのが、人それぞれのものの見方・考え方（B）なのです。したがって、自分の悩みやストレスを軽減し、非主張的あるいは攻撃的な自己表現

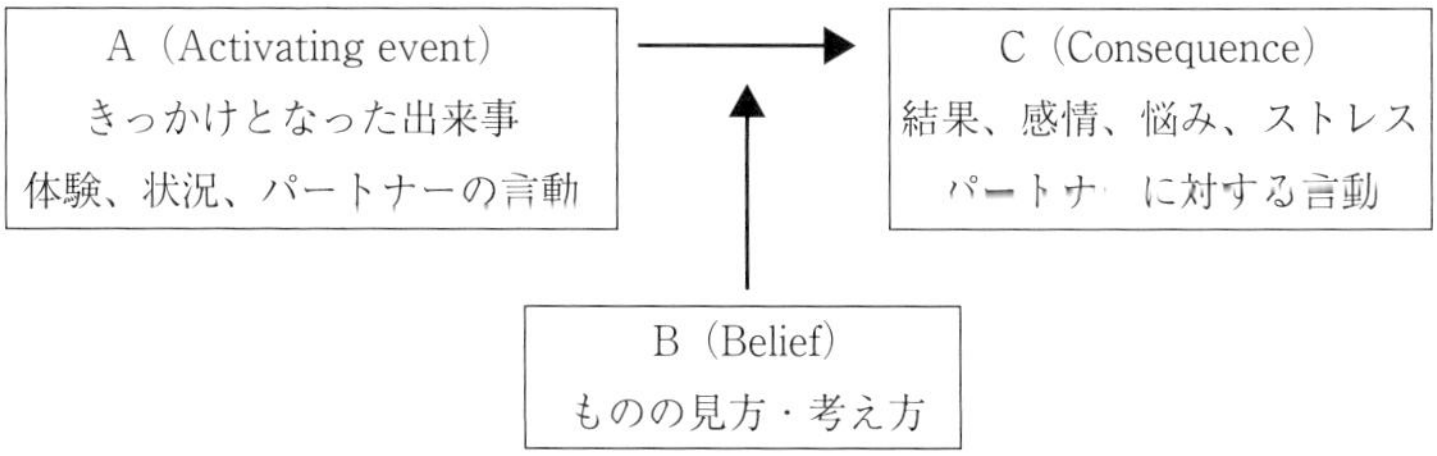


図８　ABC 理論（Ellis & Harper, 1975 をもとに筆者作成）

をアサーティブな自己表現にするためには、自分のものの見方・考え方を修正することが役立つということになります。

## 2 非合理的思い込みとは

この一人ひとりのものの見方・考え方のなかでも、アサーティブな言動を妨げ、非主張的な言動や攻撃的な言動を引き起こすものを、非合理的思い込みといいます（Ellis & Harper, 1975）。自分がどのような非合理的思い込みをもっているのかに気づくのは、それほど容易なことではありません。なぜならば、一般的に常識と考えられていることや、「夫（父親・男性）はこうあるべきだ（こうであるはずだ）」「妻（母親・女性は）こうあるべきだ（こうであるはずだ）」「夫婦はこうあるべきだ（こうであるはずだ）」といった考え方のなかに、非合理的思い込みが潜んでいることが少なくないからです。しかも、非合理的思い込みは、自分が生まれ育った家族での体験や人間関係、地域社会や文化、学校教育、マスメディアなどの影響を受けて形成され、時に多くの人々に共有されていることもあるため、疑問を感じにくいのです。

しかし、自分自身がもっている非合理的思い込みに気づき、それを修正することができれば、パートナーに対してよりアサーティブなかかわりができるようになりますし、何よりも自分自身のストレスも軽減されます。

## 2　夫婦・カップル関係における非合理的思い込み

ほとんどの人は、夫婦・カップル関係に関する非合理的思い込みをもっています。それは、自己表現にどのように影響しているのでしょうか。また、そのようなものの見方・考え方のクセをどのように修正することが、アサーティブな言動につながるのでしょうか。

**非合理的思い込み1**　**パートナーが自分のことを本当に愛しているのであれば、自分の気持ちや考えや欲求を言わなくても察してくれるはずだ。**

「言わなくてもわかってほしい」は、長年の間察し合いの文化の中で生活し、はっきりと自己主張しないで人間関係を営んできた日本人には、なじみのある考え方でしょう。しかし、これは日本人にかぎらず、実は欧米の夫婦にもみられる問題であることが指摘されています（Bernstein, 2003）。

では、なぜこのようなものの見方・考え方は、非合理的思い込みといえるのでしょうか。ふだんからこのように考えがちな人には、多くの場合、自分の気持ちや考えや欲求をパートナーにきちんと表現しないという非主張的な言動がみられます。心の中では、パートナーが自分の気持ちや考えや欲求を理解し尊重してくれることを期待していますが、パートナーが期待どおりの反応をしてくれなかったときに非常にがっかりし、そのことも自分の中に抑え込んでしまいます。もちろん、パートナーには自分の気持ちや考えや欲求は適切に伝わらないまま、時間が過ぎることになります。すると、「言わない→伝わらない→がっかりする」「言わない→伝わらない→がっかりする……」という悪循環に陥ってしまいます。

また、がっかりするだけでなく、失望と傷つきから強い怒りを感じ、パートナーにぶつけるという攻撃的な言動につながる人もいます。すると、「言わない→伝わらない→失望し、傷つき、怒る→真意が伝わらない→怒る……」というさらにやっかいな悪循環に陥ります。

この非合理的思い込みの根底には、夫婦という関係やパートナーに対する過剰な期待がありま す。たまには、「言わなくても伝わる」こともあるでしょうが、現実にはそんなに頻繁に起こることでもないでしょう。愛し合っている夫婦であっても、異なる個性をもった人間なのですから。したがって次のようにものの見方・考え方を修正し、過剰な期待から自分自身を解放することで、非主張的あるいは攻撃的な自己表現ではなく、アサーティブな自己表現が増えていくでしょう。

☺どんなに愛し合う夫婦でも、気持ちや考えや欲求を察することには限界がある。

☺パートナーが自分の気持ちや考えや欲求を常に察することができないように、自分もパートナーの気持ちや考えや欲求を常に察することはできない。

☺パートナーが察してくれることを期待するよりも、自分から適切に表現する努力が大切だ。

## 非合理的思い込み２　うまくいっている夫婦には葛藤や問題はない。

長年にわたって良好な関係を保ち続けている夫婦は、いつも仲良くしていて、パートナーとの関係に葛藤を感じたり、二人の間で問題が生じたりすることはない、といった非現実的なイメージがあるようです。恐らくこれは、映画などで描かれる理想の夫婦像の影響かもしれません。

しかし、夫婦はさまざまな課題に直面しそれを克服していかなければなりません。長年にわたって良好な関係を保ち続けている夫婦も、短期間で関係が終わってしまう夫婦や頻繁に衝突を繰り返す夫婦も、実は同じような葛藤や問題に直面しています。たとえば、実家とのつきあい、仕事と家庭のバランス、家事や子育ての分担、家計のやりくり、セックスなどです。

もし、「うまくいっている夫婦には葛藤や問題はない」とかたくなに信じていると、パートナーとは異なる考えを自分がもっていたとしても、それをきちんと表現することなく自分の中に押しとどめてしまい、非主張的な自己表現になる可能性があります。そして、それがパターン化してしまうと、「自分さえがまんしていればいいんだ」という自己犠牲的な生き方につながるかもしれません。一方、攻撃的な自己表現につながる人もいます。つまり、自分の考えをパートナーに押しつけて支配的に振る舞うことで、葛藤や問題を回避しようとするのです。また、このような非合理的思い込みをもっていると、夫婦の間に起こって当然の葛藤や問題を深刻に考えすぎてしまい、ひどく落ち込んだり、あるいは強い怒りを感じることにもつながります。したがって、理想化された夫婦イメージに振り回されることなく、次のように見方を変えるとよいでしょう。

☺うまくいっている夫婦であっても、時に葛藤を感じたり問題が生じたりすることはある。大切なのは、それを早く認識し、解決のために話し合うことだ。

**非合理的思い込み３**　**夫婦（カップル）の間では、言いたいことは何でも言ってよい。**

夫婦は大人同士の非常に近しい関係であり、ほかの人間関係では認められないような甘えやわがままも許される関係かもしれません。だからといって、パートナーに対して、言いたいことを何でも言ってよいのでしょうか。

乳幼児であれば、言語能力が十分発達しておらず、コミュニケーションのスキルも身につけていないので、親に対して、泣く、怒る、ダダをこねる、といったかたちで自分の気持ちや欲求をぶつけるのは自然なことであり、それに適切に対処しようとするのは親の役割であり責任です。

しかし、夫婦関係の中で、自分の言いたいことは何でも言ってよいと思っているとしたら、乳幼児のように未熟な甘えがあり、何を言っても許されるはずだという尊大な気持ちがあるのです。また、自分が言ったことによってパートナーが傷つくこともあるのだと考慮していないという意味では、典型的な攻撃的な自己表現であり、パートナーへの共感性が低いといえるでしょう。そして、そのような人の中には、自分がパートナーの言葉によって傷つけられる体験をすると、過剰に反応する人もいます。

もし、「夫婦の間では、何でも言ってよい」と自分の攻撃的な自己表現を正当化し続けていると、パートナーは傷つきを深め、徐々に無力感を抱いていくか、怒りをためていずれ爆発するかして、二人の関係から離れる決心をするかもしれません。いずれにせよ、二人の親密な関係を自分で壊してしまうことになります。したがって、次のように考え方を変えてみてはどうでしょうか。

**☺夫婦の間でも、自分の言いたいことは何でも言ってよいというわけではない。パートナーの気持ちを考慮することも大切だ。**

**非合理的思い込み４　パートナーが傷つくかもしれないことは、言うべきではない。**

「非合理的思い込み３」で述べたように、パートナーを傷つけるような言動に無頓着なのは問題ですが、かといって、パートナーを傷つけないようにと配慮しすぎることも、アサーティブな言動を妨げます。自分の正直な気持ちや考えや欲求をパートナーに伝えることは、時にその内容によっては、パートナーにとって受け入れ難い場合もあるでしょうし、パートナーは傷つくかもしれません。それによって自分自身も傷つくでしょう。

しかし、パートナーを傷つけないようにと配慮するあまり、自分の正直な気持ちや考えや欲求を伝えないということは、パートナーと正面から向き合ってつきあうのを避けているのかもしれませんし、ある意味で不誠実なことかもしれません。そして、皮肉なことに、パートナーを傷つけないようにと過度に配慮するクセがついてしまうと、次第に「言えないこと」や「言ってはいけないこと」が増えていき、コミュニケーションそのものが希薄になっていく危険性があります。

もちろん、パートナーを傷つけるかもしれないことを伝えるのは容易ではありませんし、いつどのように伝えるかを考慮することは大切です。そのように予防策を講じることも大切ですが、いくら長年連れ添った夫婦であっても、パートナーの反応を一〇〇パーセント的確に予測できる人などいませんし、人は時に相手が自分を傷つけないようにと配慮して率直なことを言わないことで、かえって傷つくこともあるのです。夫婦としての絆は、楽しいことやうれしいことだけを共有していたのでは深まりません。時に傷ついたり、傷つけられたりという体験をしながらも、その後お互いにわかり合うことを通して絆が深まることも多々あるということを忘れてはならないでしょう。したがって次のように考えてみてはどうでしょうか。

**☺パートナーを傷つけないように配慮することは大切だが、いくら配慮しても傷つけてしまうことはあり得る。もし傷つけてしまったら、二人できちんと話し合うことが大切だ。**

**非合理的思い込み5　夫婦の考え方や価値観は一致しているべきだ。**

結婚相手を選んだ理由としてよくあげられる一つに、「性格が合うから」があります。そしてそれは、離婚理由によくあげられる「性格の不一致」と表裏一体です。ここでいう「性格」とは、実際には夫婦の言動の根底にある、お互いの考え方や価値観のことを指していると思われます。

そして、お互いの考え方や価値観が同じではなく、そのことを話し合ってもうまく調整できないと、「性格が合わない」と認識されていると考えられます。

しかし、アサーションでは、一人ひとりがその人らしさをもった独自の存在であり、たとえ愛し合っている夫婦であっても、考え方や価値観が同じではなく、むしろ違っていてあたりまえだと考えます。もちろん、その違いによって夫婦が衝突を繰り返すのは問題ですが、違いがあることと自体が問題なわけではありませんし、時には夫婦の価値観が一致していること自体が問題を生み出すこともあります。

たとえば、子育てには夫婦の価値観の違いが顕著に表れます。夫は、「子どもはのびのび育てたい。勉強よりも遊ぶことが大切だ」と信じているのに対して、妻は、「子どもの将来を考えると、小さい頃から勉強をさせて、なるべくレベルの高い学校に入れることが大切だ」と考えているとしましょう。この夫婦は、子どもの現在や将来をそれぞれが別の角度から見ていて、実はどちらも大切な考え方なのですが、自分の見方をかたくなに守って柔軟に考えられないと、お互いにパートナーの考え方を理解することができず、夫婦の溝は深まっていきます。しかし、自分の見方だけでなくパートナーの見方も理解しようという姿勢、つまりアリーティブな態度で話し合うことができれば、より協力的な子育てができるでしょう。

一方、夫婦の価値観が一致していることが、時に問題を生み出すことがあります。夫婦がともに「子どもはたとえ幼い頃からであっても、遊ぶことよりも勉強することのほうが大切だ」という考えで一致していると、夫婦の間では葛藤を感じることはないかもしれません。しかし、ある子どもにとっては、常に両親から大きな期待と強いプレッシャーをかけられ、逃げ場もなく追い詰められ、非常に息苦しい家庭になっていく可能性があります。そして、思春期を迎えた頃に学校に行けなくなる、親に対して暴力を振るうという問題に発展することもあります。「性格の一致・不一致」といってしまうことは簡単ですが、次のように覚悟することが大切でしょう。

**☺夫婦であっても、考え方や価値観が同じとはかぎらない。だからこそ、話し合ってお互いに理解し合うことが大切だ。**

### 非合理的思い込み6　夫（父親・男性）は○○であるべきだ。妻（母親・女性）は△△であるべきだ。

さて、この○○と△△には、さまざまなものがあてはまります。たとえば、「父親は仕事、母親は家庭に専念すべきだ」「男性は弱音を吐くべきではない」「女性は控えめであるべきだ」などのように、一般的には常識とされてきたような価値観やイメージは、時に非合理的な思い込みになり得ます。このような価値観やイメージは、夫婦関係において、お互いのありのままの姿を理解し受け入れることを妨げることになりかねないのです。

**☺男性にはさまざまなタイプの男性がいるし、女性にもさまざまなタイプの女性がいる。固定化したイメージとパートナーを比較して不満を募らせるよりも、柔軟で多角的な視点からパート**

ナーを見ることが大切だ。

## 非合理的思い込み７　パートナーに不満を感じたとき、実家や子どもに頼るのは当然だ。

パートナーとの関係で葛藤や問題が生じて不満を感じたとき、一人では抱えきれずに誰かに相談したくなったり頼りたくなったりする経験は、ほとんどの人にあるでしょう。しかし、人間関係が全体的に希薄化している現代にあっては、夫婦の問題を家族以外の人に話すことは難しくなっているかもしれません。そのため、実家の親や自分の子どもを相談相手とすることも珍しくないようです。

ところが、夫婦の問題を実家、とりわけ親に相談することは、時に夫婦関係をいっそう悪化させることにつながりかねません。ほとんどの実家の親は、自分の子どもに対する深い愛情ゆえに、客観的中立的でいることができませんから、子どものパートナーを否定的に見がちです。時には、「離婚したほうがいい」「実家に戻ってきなさい」と強くプッシュしてくる親もいます。そのような場合、親自身が自分の夫婦関係に満足していなかったり、一人暮らしのさみしさを抱えていたりして、無意識のうちに子どもに頼りたいという気持ちがあるのかもしれません。「パートナーとうまくいかないから実家を頼っている」つもりでも、見方を変えれば、「実家との関係が密着しているから、パートナーとうまくいかない」のかもしれません。

また、パートナーに対する不満を子どもに聴いてもらって支えられている人も少なくありません。敏感な子どもは、親が夫婦関係の中で不安を感じたり傷ついたりしていることに対して共感性が非常に高く、幼児なのにまるで親のカウンセラーであるかのように親をしっかり支える子どももいます。そして、親自身はそのことに気づきにくいのです。しかし、これには注意が必要です。子どもが親密な夫婦関係のイメージをもつことが難しくなり、将来結婚したときのパートナーとの関係にマイナスの影響を及ぼす可能性があります。

相談相手が実家の親であれ自分の子どもであれ、自分の気持ちをわかってくれ、味方になってもらえたと感じることで、自分に自信を回復することはできるかもしれません。しかし、それによってかえってパートナーに対する否定的な感情がいっそう強くなり、攻撃的な言動に拍車がかかることがあります。また、パートナーと話し合うことを諦め、表面的には平静を装いながら、心の中に恨みをためていく人もいます。そうならないためには、次のように考えておくべきでしょう。

☺夫婦の問題に関して、実家を頼ることは、時に問題をいっそう悪化させることがある。
☺パートナーに対する不満を子どもにぶつけることは、無意識のうちに子どもを傷つけている。

## 3　自分自身の非合理的思い込みから自由になる

さて、夫婦におけるさまざまな非合理的思い込みについて解説してきました。なかには「どうしてこれが非合理的思い込みなの？」「何がいけないの？」「自分が悪いっていうこと？」と疑問や驚きを感じた人もいるかもしれません。しかし、アサーション・トレーニングでは、「非合理的思い込みだから変えなければならない」とは考えません。「変えなければならない」と考えてしまうこと自体が、あらたな非合理的思い込みになってしまう可能性があるからです。

でも、もし自分とパートナーとの関係をふり返って、非合理的思い込みを変えたほうが二人の関係にとってプラスになると思えば、変えたらよいのです。すでに述べたように、非合理的思い込みは、育ってきた環境や家族体験の影響を強く受けている可能性があります。したがって、非合理的思い込みを「捨てる」と考えると、自分と実家の家族との関係が切れてしまうような感じがしたり、親を裏切るような罪悪感を感じたりするかもしれません。しかし、「非合理的思い込みから自由になる」と考えてみたらどうでしょう。たとえば、〈親から「母親（妻・女性）とはこうあるべき」「父親（夫・男性）とはこうあるべき」と教えられたことは、これまでに十分大事にしてきたし、親の価値観としてそれを否定はしない。しかし、これからの私は、私たち夫婦にとってよりプラスになる考え方を大切にしていく。なぜならば、自分たち夫婦が幸せに暮らしていく責任は自分たちにあるのだから〉と、とらえ直してみるのです。

# 第Ⅲ部　アサーティブな自己表現を身につける

　第Ⅲ部では、自己表現をよりアサーティブにしていくために必要ないくつかのポイントについて述べていきたいと思います。アサーティブな伝え方のコツだけでなく、パートナーの話をアサーティブに聴くことの大切さについてもふれ、さらに、夫婦の間で葛藤や問題が生じたときにアサーティブに話し合って解決する方法についてもお伝えしたいと思います。

　はじめは難しいと感じるかもしれませんが、少しずつアサーティブな自己表現を自分のものにしていってください。

# 第8章　アサーティブな伝え方

自分自身の言動をよりアサーティブなものにするために、いくつか知っておくべきことや身につけておくべきことがあります。その基本として、ここではアイ・メッセージ〈I message〈私はメッセージ〉〉で伝えること、プラスのコミュニケーションを増やすことをとりあげます。

## 1　アイ・メッセージ〈I message〈私はメッセージ〉〉で伝える

パートナーと話をしていて、自分の考えとパートナーの考えがくい違ったとき、そのことについてあなたはどのように表現しているでしょうか。

Aさん「そう思うんだね。ふ〜ん（自分の考えを言わない）」

Bさん「どうしてそういうふうに考えるわけ？　ぜんぜんわかってないじゃない（怒る）」

Cさん「あなたはそう思うんだね。私はそうは思わないな。どうしてかと言うと……」

とても単純な例ですが、Aさんは非主張的、Bさんは攻撃的、Cさんはアサーティブの可能性がある台詞です。

アサーションだけでなく、さまざまなコミュニケーションのトレーニングで重視されていることの一つに、アイ・メッセージ（I message〈私はメッセージ〉）があります。アイ・メッセージとは、「私は～」「僕は～」を意識してパートナーとコミュニケーションを交わす意識をもつということです。日本語では、主語が省略されることが少なくないので、「私は～」「僕は～」と言わなくても会話が成り立つことは多々あります。しかし、「私は（I）」を意識して使えるようになると、よりアサーティブになりやすくなります。

Aさんのように非主張的な自己表現をしがちな人は、相手に対する気遣いや配慮を大切にしているために、自分の心の中にあることを言わなかったり、言うときにでも「大したことではないんだけど……」「気にしないでほしいんだけど……」「どうでもいいことなんだけど……」「私の思い違いかもしれないけど……」というような前置きをしてから、自分の気持ちや考えや欲求を遠回しに表現することが珍しくありません。しかし、その気遣いや配慮が、かえって自分の気持ちや考えや欲求を伝わりにくくしている可能性もあります。もし、相手も細やかに気遣う人であれば、そのような遠回しの表現の根底にある本当の気持ちや考えや欲求を理解し受けとめようとしてくれるかもしれませんが、それをすべての人に期待することはできません。

ですから、前置きをしないで話してみることから心がけたほうがよいかもしれません。つまり、「私の気持ちとしては～」「私の考えとしては～」といった感じで、「アイ・メッセージ」で伝えることを少しずつ試してみるとよいでしょう。初めは抵抗を感じるかもしれませんが、徐々に慣れるにしたがって自然に言えるようになり、小さな自信を実感できるようになります。

一方、Ｂさんのように攻撃的な自己表現をしがちな人は、「あなた（You）」を使って相手を責めたり怒りをぶつけたりしがちです。「どうしてあなたは～なの？」「だいたいあなたは～なのよ」「だからおまえは～なんだ」「おまえのそういうところが～なんだ」といった表現のしかたをよくします。これは、一見すると自分の心にあることを表現しているようですが、感情的にぶつけているニュアンスが強いでしょう。しかし、たとえパートナーに対する不満を伝えるときであっても、アサーティブに伝えたほうがよいのです。したがって、声を荒げず落ち着いて、「私は、あなたに～してほしい」「僕は君が～することをやめてほしいと思っている」「私は、あなたの～に困っている」といった感じで、アイ・メッセージを心がけるとよいでしょう。

アイ・メッセージは、自分の気持ちや考えや欲求に対して、自分で責任をもって表現するという姿勢の表れです。非主張的な傾向の強い人は、はじめは「こんな言い方はちょっと強すぎるのではないか」と不安になるかもしれません。一方、攻撃的な傾向の強い人は、「いちいちそんなにていねいで面倒な言い方をしなくてもいいのではないか」と思うかもしれません。しかし、たとえ相手がパートナーであっても、時には意識してアイ・メッセージを使うことで、自分のこともパートナーのことも独立した一人の人間として大切にし、そこで生じる葛藤に対しても誠実に向き合うことができるようになるでしょう。

## 2　パートナーに肯定的なメッセージを伝える

あなたはふだん、パートナーに対して肯定的なメッセージを伝えることがどれくらいあるでしょうか。もしかしたら、マイナスのメッセージばかりになっていませんか？

たとえば、妻がつくった料理について、夫はどのようなメッセージを伝えているでしょうか。

Dさん（何も言わずにただ黙々と食べる）

Eさん「もっとうまいものつくれよ」

Fさん「ああ、これおいしいね」

一方妻は、夫の仕事についてどのようなメッセージを伝えているでしょうか。給与明細書を見て「少ないな」と思ったときを考えてみましょう。

Gさん（夫に気づかれないようにため息をつく）

Hさん「一家の大黒柱なんだから、もうちょっと稼いでよ」

Iさん「今月もご苦労様。なかなか会社も厳しい状況で大変だね」

すでに98ページで述べたように、夫婦が長期間にわたって親密な関係を保てるかどうかを左右する大きな要因の一つとして、お互いにパートナーに肯定的なメッセージをきちんと伝えているかどうかということがあります。長年よい関係を保てている二人も、時にけんかをしたり、不安を感じたり、怒りを覚えることはあるのですが、それ以上にふだんから肯定的なメッセージがきちんと伝えられているのです。たとえば、「ありがとう」「お疲れ様」「このおかず、おいしいよ」「お仕事ご苦労様」「大丈夫?」「ゆっくり休んだほうがいいよ」など、パートナーへの感謝、ねぎらい、配慮、好意を自然に伝えているのです。こうした何気ない肯定的なメッセージは、二人の関係の基盤をより強固なものにしてくれます。

もちろん、否定的なメッセージを減らすように努力することも大切です。しかし、心の中で、「もう少し優しくしないといけないな」と反省し、それまでしがちだった否定的なメッセージを努力して減らしたつもりでも、パートナーがその変化を認識し実感し受け入れるまでには時間がかかることが少なくありません。そうすると、「せっかく努力してがまんしているのに、この人は気づきもしない」と意味づけ、怒りや失望を感じてしまうかもしれません。

一方、肯定的なメッセージを増やすと、パートナーは「あれ?　なんだかいつもとちょっと違うな」と、その変化に気づきやすいものです。そして、パートナーも肯定的なメッセージを返すように自然に変化し、よい循環が生まれやすいのです。しかし、否定的なメッセージを減らすことよりも、肯定的なメッセージを増やすことのほうが難しいかもしれません。自分のほうから肯定的なメッセージを心がけるなんて、「しゃくにさわる」「負けた気がする」「悔しい」「自分が悪いわけではないのに、どうしてそんなことをしなくてはいけないの?」という抵抗を感じたり、言い訳をしたくなったりするかもしれません。それはある種の甘えです。

さて、肯定的なメッセージを増やすのは確かに容易ではないのですが、いくつかのポイントがあります。まず、最も簡単なように見えて意外と難しいのが、「ありがとう」と「ごめんなさい」をきちんと言うことです。いずれも短い言葉なのですが、パートナーとの絆を大切にしたいという気持ちの表れです。

次に、パートナーのよいところだと思っていること、日頃から感謝していること、こういうところはすごいなとか、ここはこんなふうにがんばっているなと思っているところ、心配していることを、具体的に伝えることです。たとえば、「いつも感謝しているよ」と漠然と言うだけではなく、「家族のために大変なお仕事をがんばってくれて、いつも感謝しているよ」というように、パートナーの具体的な行動にふれながら伝えることが大事です。

それでは、実際にパートナーに対して肯定的なメッセージを伝えられるようになるために、次のエクササイズをやってみてください。

〈エクササイズ３〉パートナーに肯定的なメッセージを伝えよう

これまでのあなたとパートナーとの関係を思い浮かべながら、以下のそれぞれについて書き出してみましょう。その際、大きなことを書く必要はありません。ごくごく小さなことでよいのです。「そんなことするのは、夫として（妻として）あたりまえのことではないの？」というような批判的な考えは、ちょっと横に置いておきましょう。

それぞれの項目について例を二つずつあげてありますから、参照してください。

**1　パートナーがあなたのためにしてくれていることを10個書いてください。**

例1　朝、笑顔で「いってらっしゃい」と言ってくれる。

例2　重い荷物を持ってくれる。

**2　パートナーに感謝していることや、「ありがとう」という気持ちはあっても、ふだんは言っていないことを10個書いてください。**

例1　朝のゴミ出しをしてくれること。

例2　毎日おいしい食事をつくってくれること。

**3　パートナーに謝りたいこと、申し訳ないと思っていること、「ごめんね」と言いたいことを10個書いてください。**

例1　仕事が忙しくてなかなか早く帰れないこと。

例2　ついつい子どもを優先してしまうこと。

**4　パートナーががんばっていること、たいへんだなと思うことを10個書いてください。**

例1　家事と子育てを両立しようとしているところ。

例2　仕事で疲れているのに、休日は子どもと遊ぶ時間をつくろうとしていること。

**5　パートナーのよいところ、好きなところ、ほめてあげたいよいところを10個書いてくださ**

い。
例１　いつも笑顔でいるところ。
例２　話を聴いてくれるところ。
６　１～５の中で、もしパートナーに直接言葉で伝えるとしたら、どれを選びますか？　それぞれ一つずつ選んでください。そして、それを実際にパートナーに伝えるとしたら、どのように伝えますか。台詞をつくってみてください。

どうでしたか？　なかなか思いつかなかったり、思いついても文章にして書こうとすると、なんだか恥ずかしいような照れくさいような気がしたり、あるいは負けたような気がして悔しかったり、日頃のパートナーに対する言動を反省したりと、さまざまだったと思います。

ところで、肯定的なメッセージを伝えるときには、余計な一言を付け加えないことが大切です。「あなたにはこういうダメなところもあるけれども……」とか、「たまにしかないけれども……」など、否定するような前置きをしてからプラスのことを伝えても、パートナーに対する肯定的な気持ちは伝わりませんし、言われたパートナーも混乱します。

また、どうしても面と向かって直接プラスのことを言いにくいのであれば、手紙やメールで伝えるという方法もよいでしょう。ただし、いずれは直接パートナーに向かって言えるようになったほうがよいですね。

そして、せっかくあなたががんばって肯定的なメッセージをパートナーに伝えたとしても、パートナーがすぐにそれを受け入れて喜んでくれるとはかぎりませんし、「ありがとう」と言ってくれる保証があるわけでもありません。むしろ、「何で急にそんなことを言うの？」とか、「いつもはそんなこと言ってくれないのに、何か裏があるのかな？」と怪訝な顔をするかもしれません。そんなときは、「せっかくいいことを言ったのに、素直に受けとれないわけ？」と腹を立てたりがっかりする気持ちをちょっと横に置きましょう。そして、「いつも言わないことを急に言われて、そんなふうに勘ぐるのも無理はないと思う。でも、ふだん思っていることでも、きちんと言わないと伝わらないと思ったし、大切なことだから、なおさら伝えなくてはと思って言ってみたんだ」と伝えてみたらどうでしょうか。そうすると、あなたの思いはパートナーに少し伝わりやすくなるでしょう。

# 第９章　パートナーの話をアサーティブに聴く

あなたは、パートナーとの会話の中で、相手の話を「聴く」ということをどれくらいしていますか。話すばかりで聴くことをおろそかにしていないでしょうか。それとも聴くことを心がけているでしょうか。仮に、自分としてはきちんと聴いているつもりだとしても、パートナーのほうは「聴いてもらえている」と実感しているでしょうか。

コミュニケーションにおいては、自分の気持ちや考えや欲求を相手に伝えることが大事なのはいうまでもありませんが、それと同じくらい、相手の気持ちや考えや欲求を理解し受けとめることも必要です。それが「きく」ということです。

## 1　「聞く」「聴く」「訊く」

この「きく」は、その特徴によって三種類に分類できます。まず、通常私たちは「聞く」と表現しますが、これは音声として何かが耳に入ってくるとか、聞こえるというニュアンスがあります。どちらかといえば受け身的で、相手の話に意識を集中していなくてもいいので、さほどエネルギーは必要ではありません。日常会話の多くはこれでも十分成り立ちますが、ただ耳に入ってくるだけで心に残らなかったり、聞き流したりすることもあるでしょう。

一方、「聴く」というのはとくにカウンセリングで好んで使われる表現で、相手の気持ちや考えや欲求を理解しよう、相手が自分に伝えようとしていることを受けとめようという意識をもち、積極的かつ能動的に耳を傾けるという意味があります。「聴」という漢字は、「耳」と「十四」の「心」から成り立っているという見方もあるようです。つまり、「聞く」が「耳」を通した行為であるのに対して、「聴く」は「耳」だけでなく「心」も働かせる行為です。別の言い方をすれば、耳も頭も眼も、自分の心も身体も働かせて、相手のことを理解しようとする積極的な行為なのです。したがって、「聞く」ほど簡単ではないし、それなりにエネルギーも必要ですが、「相手を大切にする」という観点からすれば、非常に大切な態度であり、かかわり方なのです。

そして、「訊く」には質問するという意味があります。パートナーとの会話でも、ふだんから何げなく「訊く」ことはしていると思いますが、パートナーの気持ちや状況を考慮せずに、自分の興味や関心だけから次々に「訊く」ことをし続けると、いつの間にか会話の主導権が自分になってしまったり、尋問のようになったりして、パートナーは話したくなくなるかもしれません。しかし、パートナーが話したいと思っていることや伝えようとしていることに関心をもって、パートナーの様子をよく見ながら「訊く」ことは大いにプラスになるでしょう。

たとえば、帰宅した直後にパートナーがソファに座って、「フ〜ッ」とため息をついたとします。それを聞いて、「ちょっと疲れているみたいね。何かあったの？」と訊いてみてもよいかもしれません。それでパートナーは何かを話し始めるかもしれません。もしそうではなくて、「いや、別に何でもないよ」と言ったら、「そうなの」と一言言って少し様子を見ることもできるでしょう。しかし、そこで「別に何もないのにそんなため息つくわけないでしょう。一体、何があったの？　ねえ、ちゃんと言ってよ」と詰め寄ったら、詰問になってしまいます。きっと、パートナーのことが心配で理由を知りたい、助けになりたいという気持ちがあったのだと思いますが、結果的に残念なことになってしまいます。ですから、「訊く」は相手の様子を見ながら、「聴く」と一緒にできるとよいでしょう。

## 2　聴くことを妨げる要因

このように、「聴く」ことは、アサーティブなコミュニケーションを心がけるうえで非常に大切なのですが、実際に日常的に取り入れるのはそれほど簡単ではありません。それにはいくつかの理由が考えられます。

### 1　「聴くこと」に対する誤解

パートナーの話を「聴く」ことは、パートナーの気持ちや考えや欲求を理解しようとすることであり、パートナーを大切にし尊重することです。ところが、意外に多くの人がこのことを誤解しており、「パートナーのことを理解して尊重したら、パートナーの言うとおりにしなければならなくなるのではないか」とか、「自分の意見を言いにくくなるのではないか」という疑問をもつようです。時には、「パートナーの話を聴くのは、負けるような気がして嫌だ」という人もいます。つまり、「聴く＝同意する」あるいは「聴く＝従う」とか、「パートナーを尊重する＝自分を抑える」と思っているようです。しかし、これは大きな間違いです。

パートナーの話を聴いて理解できたとしても、それが自分の考えや価値観や欲求と合致しないということはいくらでも起こりますし、葛藤を感じることもあるでしょう。そんなときには、無理矢理自分を納得させてパートナーに合わせるのではなく、自分の心にあることを表現してよいし、パートナーに「私の話も聴いてほしい」と言ってもよいのです。すでに述べたように、アサーション権は、あなたにもパートナーにもあるものなので、「聴いてもらう権利」もお互いに平等にあるのです。

## 2 自分に自信がありすぎる

自分に自信があるということ自体はよいことですが、それがもし自信過剰といえるものだとしたら、パートナーの話を聴くことは難しくなります。自信過剰な人は、心の底で「自分は常に正しい」と思っています。そうすると、パートナーと自分の気持ちや考えや欲求が食い違ったときに、「パートナーが間違っている。パートナーが変わるべきだ」「パートナーが自分に合わせるべきだ」と考えてしまいます。そして、パートナーの話に耳を傾けても意味がないと考え、パートナーを無視したり、自分の考えを押しつけたりしようとします。

ふだんから自分に対して自信をもっている人は、それが時にパートナーの話を聴くことを妨げていないか、チェックしてみる必要があるでしょう。最も正確なチェックの方法は、パートナーに「私（僕）は、あなたの話をきちんと聴いていると思う？」と訊いてみることです。

## 3　問題解決志向が強すぎる

60ページで頭痛を訴える妻と夫との会話を示しましたが、ふだんから仕事などで問題解決的なコミュニケーションに慣れている人は、パートナーとの会話においても、つい問題解決的になりがちです。そして、求められてもいないのに「こういうふうにしたら？」とアドバイスしたり、話を聴いてほしいというパートナーの気持ちを無視して、「ぐちを言っていてもどうにもならないから、どうしたらいいか考えなよ」と言ったりしてしまいます。これでは、パートナーはがっかりしたり怒りを感じたりするでしょう。このような問題解決的なコミュニケーションは、どちらかといえば男性によくみられる傾向のようです。

もちろん、夫婦の間であっても、時に何かを話し合って決めなければならないことはありますから、そのようなときには問題解決的なコミュニケーションは非常に有効です。しかし、そうでないときは結論を急がずに、会話を続けることそのものが大切な場合も少なくありません。

## 4 パートナーとの違いを受け容れられない人

自分とパートナーの気持ちや考えや欲求が一致すると、ある種の一体感を感じることができ、幸せな気持ちになるでしょう。しかし、現実にはそのような一体感を感じることができるのは、それほど頻繁にはないのかもしれません。パートナーとの一体感を求めること自体は、自然であたりまえのことなのですが、あまりにもその期待が強いと二人の違いを脅威に感じ、向き合うことに対して強い不安を感じます。それゆえに、パートナーの話に耳を傾けるのが怖くなり、パートナーの話を「聞く」ことはできても、「聴く」ことは難しくなるかもしれません。

具体的には、パートナーが自分とは違う考えや気持ちや欲求をもっているとわかると話を逸らそうとしたり、無理矢理自分の考えや気持ちや欲求にパートナーを同調させようとして、「あなたもそう思うよね？」「余計なこと考えなくていいんだよ」などと言ってしまい、聴くことは難しくなります。

愛し合っているカップルであっても、常に同じことを考え、同じことを感じるのは不可能です。違いがあること自体は、関係が悪いとか理解し合えないことを意味するわけではありません。二人の間に違いがあることがわかったときこそ、お互いに「聴く」ことが大切になります。

## 5 論理に偏りすぎている（図5　66ページ参照）

論理的に考えて話ができることや、相手の話を論理的に理解できることは、とりわけ仕事をしていくうえでは非常に重要な能力ですし、家庭の中で起こった問題について話し合うときにも必要です。しかし、もしパートナーとの会話で、論理的にしか話せないとしたらどうでしょうか。聴くことは難しくなるでしょうし、パートナーは「聴いてもらえた」という満足感は得られないでしょう。

なぜならば、私たちが話を聴いてほしいと思うとき、その話の内容ももちろん重要なのですが、それと同じかそれ以上に重要なのは、その話の内容にまつわる自分の気持ちを聴いて受けとめてほしいという欲求があるということです。いくらパートナーの話を一生懸命聴いたとしても、それを自分なりの論理や理屈で整理しているだけで、話の背後にあるパートナーのさまざまな気持ちを理解し伝えなければ、パートナーは「わかってもらえた」「話してよかった」「すっきりした」という気持ちにはなりにくいでしょう。

このように、論理に偏っているためにパートナーの話を十分聴けないというのは、どちらかというと男性によくみられがちですが、夫婦げんかになったときに、妻が正論をまくし立てて夫の話を聴こうとしないということも珍しくないようです。

## 6 感情に偏りすぎている（図５　66ページ参照）

一方で、感情に偏りすぎている人も、パートナーの話を聴いて理解することがうまくできません。おしゃべり好きな人の中には、自分の感じたことを思うままに話すことは得意なのですが、話があちこち飛躍して、相手にわかりやすく伝えることが苦手な人も少なくありません。つまり、自分の中である程度整理されて話しているというわけではありません。そのため、パートナーの話を聴くときにも、頭と心は混沌としています。そして、パートナーの話を自分に都合のよいように解釈したり、自分にとってわかりやすいところだけを受けとめてわかりにくいところは無視したりして、パートナーが理解してほしいことよりも、自分が理解できることを中心に話を聴くことになります。

## 7 話を聴いてほしい気持ちが強すぎる人

自分の話をパートナーに聴いてほしい、理解してほしいという気持ち自体は、きわめて自然で大切なことです。しかし、その気持ちが強すぎると、自分の話を聴いてもらうことばかりに意識が向き、パートナーの話を聴いて理解しようとする気持ちが薄れてしまいます。パートナーを頼りにすること、パートナーに甘えることはもちろんあってよいのですが、「自分も相手も大切にする」という観点からすると、パートナーに話を聴いてもらうことと同じくらい、パートナーの話を聴くことは重要です。

ある企業の社員研修で、こんなエピソードを話してくれた人がいました。

「毎日帰宅して夕食を食べながら、妻の話を聴きます。子どものこと、ママ友のこと、テレビ番組のことなど、一時間くらいつきあいます。その後、僕が仕事の話をしようとすると、『私、仕事のことはわからないから』と言って、食器の後片づけを始めてしまいます。どうしたら妻は僕の話を聴いてくれるんでしょうか？」

もしかしたら、この男性は、自分の話を聴いてほしいという気持ちを妻にアサーティブに伝えきれていないのかもしれません。しかし、「私、仕事のことはわからないから」という妻の言い分には、少々疑問を感じます。なぜならば、夫は自分自身が直接かかわっていないママ友の話も聴いて理解しようとしているわけですから。

ちなみに、パートナーに話を聴いてほしいという気持ちは、どちらかというと女性のほうが強くもっていると思われますが、最近では男性にもそのような気持ちをもっている人が増えてきたようです。

## 8　パートナーは話さない人と決めつけている

「私のパートナーはふだんから口数が少ない人で、自分から話そうとしない人だ。だからパートナーの話を聴く必要性を感じていない」という人もいます。たしかに、ふだんから口数が少ない人は男女問わず、います。しかし、時に二人の関係性から話す気をなくして口数が少なくなっている人もいます。

ふだんから口数が少ない人のなかには、自分の気持ちや考えや欲求を言語化するのに時間がかかる人がいます。したがって、少し待ってあげる必要があるのですが、パートナーのほうが口数が多く待つことが苦手な人だと、次のような悪循環に陥ってしまうかもしれません。

妻「子どもの受験のことだけど、どう思っているの？」
夫「う〜ん……」
妻「言わなきゃわかんないでしょう」
夫「……」
妻「もう、黙っていないで何とか言ったらどうなの？」
夫「……まあ……僕としては……」
妻「もうじれったいんだから。ぐずぐずしていないで、もっとはっきり言ったらどうなの」
夫「いや、だから……」
妻「あ〜、もう、イライラする」

妻からすれば、夫が話してくれないという問題なのですが、夫からすれば話そうとすると妻にさえぎられて聴いてもらえない、という体験になってしまっています。仮に、パートナーがあまり自分の気持ちや考えや欲求を言葉にしない人だった場合、もともとのパートナーのパーソナリティの特徴の問題にしないことです。自分のパートナーに対する決めつけから、パートナーの話をさえぎるクセがついていて、パートナーが話す気がなくなっていないかどうか、一度チェックしてみるとよいでしょう。カップル・セラピーではよく経験することですが、ふだんは口数の少ない夫でも、セラピストが関心をもって耳を傾けようという態度をとり続けていくと、少しずつ自分の気持ちや考えや欲求を話し始めることがあります。口数の少ない人の話を聴くのは、時には忍耐が必要です。しかしそれは、一方的にしゃべり続ける人の話を聴き続けることに忍耐が必要なのと同じかもしれません。

## 9　特定の感情に対する不安と恐れ

パートナーの話を聴いて理解しようとするとき、とりわけ感情を理解し受けとめることは重要です。しかし、人は自分自身で感じ対処することができる感情の範囲において、パートナーの感情も理解し適切に対応することができます。もし、自分自身がさみしさや悲しさを感じることに抵抗があり、日頃からそうした感情を避けていると、パートナーがさみしさや悲しみを抱えていても気づきにくいでしょうし、パートナーが表現してきてもどのように触れたらよいかわからないでしょう。頭では「聴かなくては」と思っても、不安を感じたりイライラするかもしれません。

一般的な傾向でいえば、夫はふだんから自分の「さみしさ」や「悲しみ」を否認しがちなので、妻の「さみしさ」や「悲しみ」に気づきにくく、仮に妻が表現したとしても、どのように理解したらよいのか、対応したらよいのかということがわからず、言葉をかけられなかったり、あるいは不機嫌になることがあります。反対に、ふだんから自分の「怒り」を感じないようにしている妻は、仮に夫が抱えている怒りが自分に対して向けられたものではないとしても、必要以上に不安や恐怖感を感じてしまい、そのような話題を逸らしたくなったり、聴きたくないという拒否的な気持ちが強くなるかもしれません。

### 10 疲れている・忙しい

パートナーの話を聴くことを妨げる現実的な要素としてぜひともあげておきたいのが、疲れや忙しさという問題です。パートナーの話をきちんと聴いて理解しようと思ったら、ある程度の時間とゆとりが必要です。逆を言えば、お互いに相手のことを思いやる気持ちが根底にあるカップルであっても、子育てや仕事に追われ忙しい毎日を送っていたり、さまざまなストレスを抱えて疲れ切っていたら、パートナーの話を聴いて理解することは非常に難しいでしょう。そのような場合は、まずゆっくり休むことや時間を確保することが必要になります。現代の多忙な生活はさまざまなストレスをもたらしますが、夫婦のコミュニケーションにとっても大敵となるのです。

## 3　聴くことを妨げる言葉

ここまで述べてきたように、パートナーの話を聴くことは、誰にとっても決して容易なことではありません。しかし、多くの人がふだん何気なく使っている言葉のなかに、聴くことを妨げることにつながるものがいくつかあります。

まず、「どうして〜？」とか「なんで〜？」というような疑問形です。これらは、パートナーの気持ちや考えや欲求に関心があって理解したいという気持ちが根底にある場合もありますが、口調や声の大きさ、視線などによっては、非常に攻撃的になる可能性があります。訊かれたパートナーのほうは、責められたとか怒られたという感じがして、もともと話したいことがあったとしても話したくなくなったり、攻撃から身を守るために反撃したりしがちです。ですから、「〜について教えてほしい」とか、「〜について知りたい」と落ち着いて伝えることが大切です。

また、「いつも」とか「絶対」という断定的な言い方にも気をつけたほうがよいでしょう。このような言葉を使いたくなるときは、たいていの場合、パートナーの言動に腹を立てているときです。「また〜した」「また〜された」と感じており、自分はとても傷つけられていると感じています。しかし、このように言われるとパートナーとしては、「いつもというわけではないし、そうではないこともあったはず」とか「よくあることかもしれないけれど、それでも三回に一回くらいは違う」とか、「絶対にというのはいいすぎだ」と言い訳や自己弁護をしたくなります。いずれにせよ、建設的な話し合いをすることにはつながりません。

そして、「どうせ」という投げやりな言葉も、パートナーの話しを聴く態度を妨げるばかりか、むしろ「聴きたくない」ということを伝えるだけにとどまってしまい、パートナーとしては、何を求められているのかわからず、拒絶された感じだけが残ってしまうでしょう。

　これらのいずれも、多くの人にとっては、ふと口をついて出てしまうような何気ない言葉だけに、気をつけたほうがよいでしょう。

# 4　パートナーの話をどう聴くか

## 1　非主張的な傾向の強いパートナーの話を聴く——焦らず急かさずじっくり待つ

　パートナーがどちらかというと非主張的な傾向が強い場合、気持ちや考えや欲求が言葉として表現されるまでに少し時間がかかるかもしれません。したがって、焦らず急かさずじっくり待つことが大切です。そして、話を聴いていて自分が何かを言いたくなったら、三秒でも五秒でも待ってから話してみるとよいかもしれません。

　また、自分がパートナーの話を聴くつもりがあることをはっきり伝えておくことが有効な場合もあります。たとえば「とにかく今日はあなたの話を聴くから、整理して話せなくてもいいから、思いつくままに話していいよ」と伝えてみるのです。

　いずれにせよ、非主張的な傾向の強い人がきちんと自分の気持ちや考えや欲求を話したい、聴いてもらいたいと思えるようになるためには、「聴いてくれる」「すぐに否定されない」「怖くない」という安心感やある程度の時間が必要なのです。

## 2 攻撃的な傾向の強いパートナーの話を聴く――聴いていることを細やかに表現する

攻撃的な傾向の強いパートナーの話を聴くのは、臨床心理士や精神科医などの専門家でも決して容易ではありません。なぜならば、話を聴いているうちにだんだんイライラしてきて反論したくなったり、あるいはだんだん気持ちが沈んできたりして、落ち着いて聴くことが難しくなりやすいからです。しかし、相手が攻撃的な傾向の強い人であるからこそ、きちんと話を聴くことが非常に重要になることがあります。表面に表れている態度は非常に攻撃的で強いものかもしれませんが、実はその根底に「自分の気持ちや考えや欲求を聴いてほしい」「わかってほしい」「受け容れてほしい」「さみしい」という、気持ちが隠れていることがあるのです。

したがって、ただ静かに黙って話を聴いているだけでは十分でないことがあります。「あなたのことに関心をもっている」「あなたの気持ちや考えを理解したいと思っている」ということが、言語的にも非言語的にも伝わることが大切です。たとえばそれは、話を聴きながら時にうなずくとか、「なるほど」「そうか」「そうね」「確かにね」というような短い応答の言葉や「こういう気持ちだったんだね」とか「そんなふうに思っていたんだね」というように確認する言葉を差しはさむことによって、パートナーに伝えることができるでしょう。そんなふうにして聴いているということを少し細やかに表現することで、パートナーは徐々に安心感が得られ、攻撃的ではなく、より落ち着いて自分の気持ちや考えや欲求を表現できるようになるでしょう。

ただし、攻撃的な傾向といっても、暴力というような事態ではこのようにはいかないことを注意しておかなければなりません。

## 3 非主張的な傾向が強い人に必要な心がけ——話に対する感想や意見を相手に伝える

ふだんから非主張的な傾向の強い人の中には、自分は聴き上手だと思っていたり、実際にまわりの人からそのように評価されていることもあります。確かに、パートナーの話に対しても、余計な言葉を差しはさまなかったり、黙って聴くことが苦にならなかったりするので、聴き上手な面があります。

しかし、パートナーから意見を求められたときに、自分なりの考えを伝えることはそれほど得意ではないかもしれません。なかには、ただ話を聴いてもらえれば満足するというパートナーの場合もありますが、それだけでなく、自分の話を聴いてどう感じたのか、どう思ったのかを聴きたい、つまりフィードバックがほしいという人もいます。そのような相互交流によってより満足感が高まる人もいるのです。したがって、パートナーの話に関心をもって耳を傾けているということを示すためにも、「私はこんなふうに感じた」「私はこう思う」「私だったらこうすると思う」というような自己開示をすることも、大変重要なのです。

## 4　攻撃的な傾向が強い人に必要な心がけ――自分が話したい気持ちを抑える

ふだんから攻撃的な傾向が強い人は、一般的に人の話を聴くのが苦手です。パートナーの話を聴いていても、すぐにイライラして話をさえぎったり、自分が話したいという欲求を抑えるのに苦労します。したがって、パートナーが非主張的な人であれ、攻撃的な人であれ、何か自分が言いたくなったら、深呼吸して焦る気持ちを落ち着けて三秒でも五秒でも待ってみることが役立つでしょう。

また、攻撃的な傾向の強い人は、自分の気持ちや考えや欲求に意識が向きがちで、パートナーの心の世界に対する関心が低い可能性が考えられます。したがって、「何を言おうか」ということはちょっと横に置いておき、「この人は、今どんな気持ちなんだろう」「この人は、どんなことを考えているんだろう」「この人は、私に何を伝えたいんだろう」ということを考えながら、パートナーの話を聴くとよいでしょう。

そして、どうしても自分が何か言いたいときは、一旦パートナーが言ったことを受けとめてそのまま返してから、自分の言いたいことを言ったほうがよいでしょう。たとえば、パートナーの話に続けて、いきなり「私（僕）は、……」と自分の気持ちや考えを言うのではなく、「あなた（君）は〇〇〇と思っているんだね。私（僕）は……」というようにワンクッション入れるのです。つまり、「こんなふうにあなたの話を聴いたよ」ときちんと伝えたうえで、自分の言いたいことを表現するのです。

## 5　パートナーの話を聴けないとき

ここまで、パートナーの話を聴くときのコツについて説明してきましたが、現実的には、パートナーの話を聴きたい、聴かなければ、と思っていてもできないこともあるでしょう。そのようなときには、聴けないということをアサーティブに伝えることが大切です。

たとえば、「私は忙しいし疲れているんだから、そんな話は後にしてよ!!」ではなく、「私は今忙しいし疲れているから、あなたの話に集中できないと思う。だから、明日にしてほしいんだけど」と伝えてみるのです。また、もし話の内容が短時間ではすみそうにない重要なことならば、「そのことはとても大事なことだと思うから、少し時間をかけてゆっくり話したいと思う。一週間後には、今抱えている仕事の山を越えられるから、そうしたらじっくり話したい」と言うこともできるでしょう。

つまり、今すぐに話を聴けない理由を明確に示し、一方で話を聴くつもりがあることを伝え、いつなら話が聴けそうかという見通しを伝えるのです。話が聴けない状況は、どの夫婦（カップル）にも起こりえます。そして、つい「うるさいな」「しつこいな」「疲れているんだから、今は話しかけないで」「忙しいんだから、後にしてよ」というように感情的に断ることをしがちです。

しかし、そのようなときだからこそ、落ち着いてアサーティブに伝えることを心がけましょう。

## 6　パートナーに話を聴いてもらうための工夫

自分がパートナーに話を聴いてほしいと思ったら、ただ単に自分の気持ちや考えや欲求を言葉にするだけでは不十分で、話を聴いてもらえるように自分自身が工夫することも大切です。たとえば、自分の心に思い浮かんだことを次々としゃべり続ける人がいますが、それによってストレスを発散することはできるかもしれませんが、何を伝えたいのか、何を共有したいのかがパートナーにはなかなか伝わりません。なぜならば、そもそも本人の中でそれが明確ではないからです。そして、パートナーは次第にうんざりしてしまい、聴いているようなふりをして聞き流したり、あるいは「もう聴きたくない」という反応をするかもしれません。したがって、時には「自分はパートナーに何を伝えたいんだろう」「どうしたらきちんと伝わるだろう」と自分自身に問いかけてみることも必要かもしれません。

また、自分の話を聴いてほしい気持ちが強いとき、ついパートナーの状況を無視して話をしてしまうことがあります。しかし、たとえパートナーが愛情豊かな人であったとしても、非常に疲れていたり忙しかったりすると、話を聴くのも容易ではありません。ですから、話の本題に入る前に、たとえば「ちょっと聴いてほしいことがあるんだけれど、今いい？」と確認してみるとか、

「五分だけでいいから，ちょっと話を聴いて」と頼んでみる必要があるかもしれません。つまり，自分がパートナーに話を聴いてほしいと思っていることをアサーティブに伝え，パートナーの状況や気持ちを確認したうえで，自分が聴いてもらいたいことを話すのです。

さて，夫婦の会話は非常に重要であることは間違いありませんが，毎日夕食の後にじっくり一時間話をするという姿を夫婦の理想と考えていると，多くの夫婦は希望を見いだせないでしょう。時間をかけて話すことも時には大切ですが，日々の忙しさのなかではそれは非常に難しいことでしょう。もし，じっくり話をする時間がとれなくて困るようであれば，まずは週に一回でも二回でも，五分あるいは十分だけでも，二人で話をする時間をもつと決めるとよいでしょう。

# 第10章　ＤＥＳＣ法を使ってアサーティブに話し合う

夫婦は恋人と違って、日常的なこまごましたことから、住宅ローンなど金銭的な問題、さらには子どもをどのように育てていくかという大きなことまで、話し合って解決していかなければならないことが無数にあります。

夫婦で話し合う際に、単に自分の気持ちや考えや欲求を主張しているだけではうまくいきませんし、反対に何でもパートナーの言うことを受け入れ続けるということも不可能に近いでしょう。このようなとき、自分の気持ちや考えを伝えつつ、パートナーの話にも耳を傾けてアサーティブに話し合うためのコツがＤＥＳＣ法です。

## 1　ＤＥＳＣ法とは

ＤＥＳＣ法は、話し合いのためのステップであり台詞づくりです（Bower & Bower, 2004）。何かについてのお互いの気持ちや考えに食い違いがあって話し合わなくてはならないとき、問題を解決しなければならないとき、うまく言えるかどうか不安なときなどに有効です。慣れないうちは難しく感じるかもしれませんが、自分の気持ちを落ち着け、考えを整理しながら話し合うためには、ぜひとも身につけたいスキルです。

では、まずはじめにＤＥＳＣ法について説明し、それをふまえて具体例に則して解説しましょう。ＤＥＳＣとは、Ｄ(Describe) Ｅ(Express・Explain・Empathize) Ｓ（Specify）Ｃ（Choose）の略です。

## 1　Ｄ（Describe 描写する・記述する）

最初のステップはＤ（Describe 描写する・記述する）です。これは、自分がパートナーと話し合いたいことや解決したいと思っていること、葛藤を感じていることや問題だと思っていることを、客観的かつ具体的に伝えることです。客観的というのは、「こうだよね」「こんなことがあったよね」というようなことで、なおかつ抽象的なことではなくて、お互いに共有できる具体的な出来事や事実のことです。Ｄとして、あなたにとって困っているパートナーのことをとりあげる場合、あくまでもパートナーの具体的な言動について述べることが大切で、あなたが推測しているパートナーの動機や意図、態度をとりあげるわけではありません。最初にこれを伝えることで、「私はあなたとこのことについて話し合いたい」と伝えて、話し合いのための共通基盤をつくることになります。

## 2　E（Express 表現する・Explain 説明する・Empathize 共感する）

二番めのステップはＥ（Express 表現する・Explain 説明する・Empathize 共感する）です。ここでは、Ｄで述べた客観的で具体的な事柄に対する、自分自身の主観的な気持ちを、感情的にならずに落ち着いて、曖昧ではなく明瞭に、建設的に表現します。また、パートナーの気持ちに共感を示すようなことも伝えてもよいのですが、これは必ず言わなければいけないというわけではありません。

## 3　S（Specify 具体的な提案をする）

三番めのステップはＳ（Specify 具体的な提案をする）です。パートナーにどのような行動をとってほしいのか、妥協案や解決策などを具体的に提案します。ここで大切なのは、具体的で現実的な、小さな行動変容を明確に提案することです。私たちは、パートナーに不満を抱いているとき、つい過大な要求を突きつけがちです。そして、そうすることによって、かえってパートナーは心を閉ざして頑なになったり反撃しようとして、話し合いはうまくいかなくなります。しかし、アサーションとは、「自分も相手も大切にすること」でしたね。ＤＥＳＣで話し合いをしようとするとき、私たちはパートナーの言動によって困っていたり、悩んでいたり、場合によっては傷ついていることもあるので、ついパートナーに大きな変化を求めがちですが、それでは効果的な話し合いになりません。欲ばりすぎないことが大切です。

## 4 C（Choose 選択する）

最後のステップは、C（Choose 選択する）です。Sでパートナーに提示した具体的な提案や解決策に対して、パートナーがすぐに理解を示して受け入れてくれればよいのですが、たいていの場合にはそのようにスムーズにはいきません。むしろ、ノーが返ってくることのほうが多いでしょう。アサーション権との関連でいえば、あなたにもパートナーにも「頼む権利」と「断る権利」があるので、これは当然のことです。ですから、Sで伝えたことに対して、パートナーがイエスを返してくれることもあれば、ノーが返ってくる可能性もあることを念頭に置いて、イエスが返ってきたら何と言おうか、ノーが返ってきたら何と言おうかを、あらかじめ少なくとも一つか二つ考えておくのです。実は、話し合いが下手な人や苦手な人の多くは、絶対に自分の主張をパートナーに受け入れさせようと思っているために、パートナーにノーを言わせまいと攻撃的になってしまう人が少なくありません。一方、パートナーがノーを返してきたらどうしようという不安が強くて、そのときに自分は何を言ったらよいのか、何が言えるのかを具体的に準備していないために、非主張的になり話し合いに対して消極的になってしまう人もいます。

ここまでがDESCを用いた話し合いのステップですが、実際の話し合いは、これを一通り言えばすむような単純なものではありません。しかし、自分がしていることを意識しながら話をすることで、より冷静に建設的な話し合いができるでしょう。

## 2　ＤＥＳＣ法を用いた夫婦の話し合いの具体例

それでは次に、夫婦における話し合いの場面の具体例を一つとりあげ、それに対するＤＥＳＣを非主張的な例、攻撃的な例、アサーティブな例の三つを示して理解を深めたいと思います。

〈状況〉妻32歳（会社員）、夫34歳（会社員）、娘1歳（保育園）の三人家族です。夫婦は共働きで収入はほぼ同じくらいです。娘のことは二人ともかわいがっているのですが、娘が生まれてから、家事の分担をめぐって時々けんかをするようになりました。妻は、朝食と夕食の支度と片づけと掃除全般、保育園へのお迎えをしており、夫は朝、保育園に送っていくこととゴミ出しをしているのですが、妻としては夕食の片づけや風呂掃除もしてほしいと思っています。

そのことを話し合おうと思って、妻が夫に言います。

## 1　非主張的なDESCの例

D「あのさあ……仕事と子育ての両立って、難しいよね」
（↓具体的に何を話し合いたいのかが明確ではないですね。）
E「あなたも毎日忙しくて大変だよね」
（↓パートナーに対して共感を示していますが、自分の主観的な気持ちを述べていません。）
S「もうちょっと楽になる方法はないかしら」
（↓具体的な提案になっておらず、何を求めているのかが明確ではありません。）
C〔**イエスの場合**　たとえば、夫が「週に一回くらい、俺が風呂の掃除をやろうか？」と言ってくれた場合〕「そうしてくれる？　助かるわ」
（↓夫が察してくれたことによって、何とか解決しています。）
〔**ノーの場合**　たとえば、夫が「手を抜けるところはもっと手を抜けばいいんだよ」と言った場合〕「そうかなあ……」
（↓結局何を言いたかったのか、夫にはまったく伝わっていないでしょう。）

## 2　攻撃的なDESCの例

D「あのさあ、私たち共働きなのに、どうしてこんなに家事の分担が不平等なわけ？」

（↓いきなり感情的に不満をぶつけていて、具体的に何を話し合いたいのかが明確ではありません。一般的に「どうして」という言葉を使いたいときは、気持ちがすでに攻撃的になっています。「不平等」というのは、妻の主観としては正しいかもしれませんが、客観的事実とは言えません。）

Ｅ「私は毎日仕事で疲れて帰ってきて、家のことをほとんどやって、でも、あなたは寝転がってテレビを見るかパソコンをいじっているだけで、自分から手伝おうとしてくれないし。そういうのを見ていると、本当に頭にくるんだよね」

（↓夫に対する要求も含まれています。頭にくるという怒りの感情を、攻撃的でなくアサーティブに表現しているかどうかが問われます。）

Ｓ「少しは私のことを思いやって、自分から進んでもっと家事をやったらどう？」

（↓「少しは」「思いやって」「自分から進んで」「もっと家事をやったら」と抽象的な要求が続いています。）

Ｃ〔**イエスの場合**　たとえば、夫が「ああ、ゴメン、ゴメン。わかったよ」と言った場合〕「じゃあ、何やってくれるのよ!!」

（↓攻撃的に追い詰めています。）

〔**ノーの場合**　たとえば、夫が「そんなこと言ったって、俺だってそれなりに手伝っているだろう!!」と言い返してきた場合〕「その程度では、手伝っていることにならないわよ。Ｋさんのおうちなんか、ご主人は週に三回も夕食つくってくれるのよ」

（↓ほかの夫婦を引き合いに出すことで、自分の主張が客観的に正しいと言いたいのかもしれませんが、攻撃的な気持ちでパートナーを責めています。）

### 3 アサーティブなDESCの例

D「家事の分担のことなんだけど。子どもが生まれてからも、それまでと同じように私が朝食と夕食をつくって片づけもしているでしょう。それから、お掃除も週に一度はやっているよね」
（↓何を話し合いたいか、どのような状況になっているのかを具体的に説明して、共有しようとしています。）
E「二人だけのときはそれでも何とかやってこられたけれど、子どもが生まれてからは、正直言って体力的にもきついし。なんだか私の負担だけが大きくなっている感じがして、どうにかしたいって思うんだけれど」
（↓「きつい」「負担が大きくなっている感じ」「どうにかしたい」と自分自身の主観的な気持ちを明確に述べています。）
S「来週からでいいから、夕食の後片づけをやってくれない？」
（↓具体的で現実的な小さな行動変容を求める提案です。）
C〔イエスの場合〕　たとえば、夫「まあ、確かにそうだね。僕ももう少しやらないとね」に対して〕「ありがとう。そうしてくれると助かる。もし、どうしてもできないときには言って。その時は私が代わりにやるから」

〔ノーの場合　たとえば、夫が「そんなこと言ったって、僕だって仕事で疲れているし、だいたい家事は得意ではないし」と言ってきた場合〕

Ｅ「あなたも忙しくて疲れているのもわかる。家事も得意ではないし好きではないのも知ってるよ」

（↓パートナーに対する共感を伝えています。）

Ｓ「だから、全部をやってほしいと思っているわけではなくて、夕食の後に食器を食洗機に入れて洗ってくれるだけでいいの。それだけでも助かる」

（↓再度具体的な提案をより明確に述べています。）

〔それでもノーの場合　たとえば、夫が「ええ〜、でも面倒くさいよ」と言った場合〕

Ｅ「そうなの、私も面倒くさいの」

（↓自分の主観的な気持ちを述べています。）

Ｄ「それを私は毎日やってきたんだよね。それに、子どもが生まれてからは、食事させたり、着替えさせたり、おむつを交換したり、やらなくちゃいけないことがすごく増えたでしょう」

（↓再度、客観的な事実を具体的に述べて説明しています。）

Ｅ「それですごく最近疲れを感じるわけ」

（↓再度、自分の主観的な気持ちを述べています。）
S「だから、あなたに夕食の後片づけをやってもらうことでサポートしてほしいの」
（↓再度、夫にやってほしいことを具体的に頼んでいます。）

いかがでしょうか。文字だけではニュアンスが伝わりにくい部分もあるかもしれませんが、三つの会話の違いは少しわかったでしょうか。そして、ＤＥＳＣを意識した話し合いが少しイメージできたでしょうか。実際のパートナーとの話し合いは、ＤＥＳＣの四つのステップにそって、次々と言いたいことを言っていくというような単純なものではありませんから、もっと複雑です。しかし、複雑だからこそ、自分がパートナーに何か言おうとするときに、ＤＥＳＣを意識することで、自分の言いたいことや考えを整理し、より落ち着いた気持ちで話すことができるでしょう。

## 3　ＤＥＳＣ法をより効果的に活用するためのポイント

最後に、ＤＥＳＣ法をより効果的に活用するための留意点やポイントをあげておきましょう。

### 1　Ｄは省略せず、客観的かどうかを確認する

まずＤですが、これが簡単なようで意外に難しいのです。実際のトレーニングで台詞をつくっ

てもらうと、多くの人が最初はうまくできません。パートナーと話し合おうとするとき、感情的になりがちな人は、Ｄを省略していきなりパートナーを責めたり、過大な要求を押しつけたりしがちです。また、非主張的な傾向が強い人は、曖昧に表現するために、何を問題にしているのかが伝わりにくくなります。自分が解決したいこと、問題だと思っていること、話し合いたいと思っていることについて、パートナーも同じように思っているとはかぎりませんから、Ｄを省略してしまうと冷静な話し合いが難しくなります。

また、Ｄのつもりで言っているのに、実際には主観的な気持ちを言ってしまう人もいます。176ページの例では、自分と夫がどのように家事を分担しているのかを描写するのはＤですが、「不平等」というのは主観的な自分の気持ちです。自分の主観的な気持ちと客観的な事《こと》がらを区別できないと、自分があたりまえだと思っていることをパートナーがそう思っていないことに対して、必要以上に失望したり落胆したり、怒りを感じたりして、冷静に話し合うのが難しくなります。

## 2　Ｅは遠慮しすぎないように、しかし、ぶつけないように

次にＥですが、ここをアサーティブに表現できるかどうかが、話し合いを大きく左右します。話し合いというと、論理的に話すことが重要だと考える人は少なくありません。もちろんそれも大切ですが、気持ちをアサーティブに伝えないことで、自分がどうしてこのことを問題だと思っているのか、解決したいのかということがパートナーに伝わらないことがよくあります。二人の

間で問題や葛藤が生じたとき、お互いに自分の気持ちをしっかりとパートナーに伝え、またパートナーの気持ちを理解することによって、「では、どうしようか」と問題解決に協力して取り組みやすくなります。

問題や葛藤について話し合う場面は、自分にとってもパートナーにとっても、決して心地よいものではありません。そのため、パートナーに不愉快な思いをさせないように、パートナーを傷つけないようにと配慮しすぎたり、パートナーが自分の気持ちを察してわかってくれることを過度に期待するために、自分の気持ちを曖昧にしか伝えられなかったり、遠回しに表現することになったりしがちです。

また、Ｅでは、必ずしもパートナーに共感する言葉を入れなければならないわけではありません。ところが、本心ではそれほど共感できていないにもかかわらず、率直に自分の気持ちを伝えることを恐れるあまり、パートナーへの気遣いを言葉にする人がいます。しかし、それによってかえって自分の気持ちがパートナーには伝わりにくくなることもあるので、注意が必要です。

一方、Ｅで自分の感情を攻撃的にぶつけてしまう人も少なくありません。Ｅは感情を表現することであって、感情をぶつけることではありません。「落ち着いて、曖昧ではなく明瞭に、建設的に」ということを忘れないようにしましょう。自分自身が攻撃的になっていることはなかなか気づきにくいものですが、「どうして〜」「なんで〜」「いつも〜」「あなた（おまえ）は〜」という言葉を使っているときは、攻撃的に感情をぶつけている可能性があります。ＤＥＳＣはあくまでも話し合いのためのステップであり、自分の主張にパートナーを従わせるための方法ではないことを忘れないでください。

### 3 Sでは、抽象的で大きな提案や一度にたくさんの提案をしない

自分が問題だと思っていることや解決したいと思っていることが重要であればあるほど、パートナーに求めたくなる行動変容も大きなものになりがちです。しかし、葛藤や問題を解決し二人の関係をより親密なものにしていくために必要なことは、小さな変化の積み重ねです。大きな変化を求めても、パートナーはどのように応えたらよいかわからず、自分自身も失望する可能性が高くなります。たとえば、「もっと私（僕）のことを大切にして」と言うことは簡単ですが、それは具体的にどのような行為を通して実感が得られるのかが曖昧です。

また、話し合いの中で次々と提案をすることも、避けたほうがよいでしょう。たとえパートナーが自分の言動を変える意志があったとしても、次々と変化を求められたら、抵抗したくなってしまいます。一度の話し合いでする提案は、一つか二つくらいにとどめておいたほうがよいでしょう。

### 4 Cでノーが返ってきたとき、脅そうとしないこと

Sで提案したことに対して、パートナーがノーを返してくることは、あらたな葛藤を体験する

ことになりますが、自分の中の攻撃的な気持ちに気づかなければ、ついついパートナーを追い詰めたり、脅したりするようなことを言ってしまいがちです。「そうしてくれないのだったら、こっちにも考えがあるから」「それならば、あのことはどうなっても、私は知らないからね」「それがいやなら、勝手にしろ」など、そのように言いたくなる気持ちが生じることはしかたがないとしても、それをそのままぶつけても、アサーティブな話し合いにはなりません。パートナーがノーを返してくることも当然あり得ると考えて、脅したり力で押さえつけたりしようとしないようにしましょう。

# 第11章　感情表現とアサーション

一般的に、アサーティブな傾向の強い人は、感情表現もアサーティブに適切にできます。一方、非主張的な傾向の強い人や攻撃的な傾向の強い人は、感情を表現できなかったり、表現はしても不適切なしかただったり、そもそも自分の本当の感情に気づいていなかったりします。アサーションの定義に、「自分の気持ち、考え、欲求などを率直に、正直に、その場の状況に合った適切な方法で述べること」（82ページ）とあったように、自己表現において感情を適切に表現することはきわめて重要です。

## 1　自分自身の感情をありのまま受けとめること

### 1　感情は自分自身のものである

感情表現に関するアサーションの大前提の一つとして、「感情は自分自身のものである」ということがあります。喜怒哀楽いろいろな感情があり、それを感じているのは紛れもなく自分なのですが、ともするとそのあたりまえのことを忘れてしまいがちです。

私たちがさまざまな感情を体験するとき、そのきっかけとなっているのは、日常生活の中で自分の身に起こった出来事や、自分に対するパートナーの言動です。ここでＡＢＣ理論を思い出してください（126ページ）。自分の身に起こった出来事やパートナーの言動、これらはＡ（Activating event）にあたります。そして、それによって自分に起こってきた感情はＣ（Consequence）です。このＣが喜びやうれしさなど、肯定的なものであるときは問題になりませんが、悲しさやさみしさや怒りといった否定的な感情の場合、「あの人（あいつ）のせいで、自分はこんな嫌な気持ちにさせられているんだ」と認識しがちです。確かに自分に起こった感情のきっかけは相手の言動かもしれませんが、それによって感情を体験しているのは自分自身なのです。つまり、「こんな嫌な気持ちにさせられた」という認識にとどまったままでいると、パートナーに対する失望と怒りが大きくなるばかりで、二人の関係が変わりうるという希望を見失って自分の気持ちを閉ざしてしまうか、あるいは、パートナーが変化することを過剰に期待し、何とかパートナーに自分の気持ちをわからせようとして攻撃的になり、結果的に関係がいっそう悪化してしまいます。

しかし、「自分がこういう気持ちになったきっかけは、確かにパートナーの言動だ。でも、今この感情を体験しているのは私自身で、この感情は私のものなんだ」と認識することによって、感情をどのように扱うかについて、自分で責任をもつことができるようになります。「自分で責任をもつことができるようになる」とは、「自分が悪い」ということを意味するのではなく、「自分にできることがある」ことを意味するのです。ABC理論に則していえば、自分自身のB（Belief）を再検討し修正することによって、自分の感情は変わる可能性がありますし、それによってパートナーに対するかかわりが変化し、二人の関係も変わる可能性があるのです。もちろん、それは容易なことではありませんし、Bを修正すること自体が難しい場合もあります。けれども、パートナーが変わってくれることを過剰に期待したり、パートナーを変えようとするよりも、自分自身がまず変わろうとするほうが、何よりも自分にとってプラスになるはずです。

また、「感情は自分自身のものである」ということは、感情は自分自身でコントロールできるものだということでもあります。そして、コントロールとは、感情を抑えつけてがまんするということではなく、表現するのかしないのかを自分で判断し、表現するときにはどのように表現するかを自分自身で考え調節できる、柔軟性と強さがあることを意味するのです。

## 2　もってはならない感情はない

私たち人間は、いろいろな感情をさまざまな強さで体験します。たとえば、楽しいという感情にも、何となくウキウキするという弱いものから、絶叫したくなるほど強いものまであるでしょう。さみしいという感情であれば、ちょっぴりさみしいという弱いものから、死にたくなるほど絶望的なさみしさまであるでしょう。怒りも、なんだかよくわからないけれども納得できないという程度のものから、二度と顔をみたくないほど憎いという激しい怒りまであるでしょう。

実は、感情そのものには、良いも悪いもありません。たとえば、楽しいという感情は、一般的には肯定的な感情だと思われていますが、もし満員の通勤電車の中で友だちと楽しく大声で盛りあがっていたら、その楽しさはまわりの人にとっては不愉快な感情をもたらします。また、悲しみは否定的な感情だと思われがちですが、誰か大切な人が亡くなったときに悲しみを表現することはきわめて自然ですし、悲しみを表現することが遺された人たちの絆を深めることにもつながるでしょう。このように、感情そのものは良いとも悪いともいえませんが、それを表現することは、状況や人間関係によって影響され、肯定的にも否定的にもなりうるのは確かです。

しかし、もってはならない感情はないのです。大切なことは、自分が感じるさまざまな強さのいろいろな感情を、自分の感情であると認めて受け容れることです。自分が感じている感情のきっかけは、パートナーの言動や周囲で起こった出来事かもしれませんが、「今、私はこんな感情を抱いている」ということを否定しないことです。そして、時には悲しみや怒りや憎しみなど、自分でも受け容れがたい感情を抱いたとしても、「こんなことを感じてはいけない」とか「こんな気持ちになる私は悪い人間だ」とか、「こんな感情を抱いたら、あの人にどう思われるか」などと考えずに、まず「今、私はこんな気持ちなんだな」と素直に受け容れることです。さまざまな感情を感じる自分を否定しないことが大切ですし、それは自己受容にもつながります。

ただし、念のためにお断りしておきますが、「もってはならない感情はない」とは、自分の感情のおもむくままに行動してよいということではありません。激しい憎しみを感じたとしてもその感情にまかせて人を傷つけてよいわけではありませんし、死にたくなるほどの絶望を感じたとしても、自ら命を絶ってよいというのではありません。

## 3　表現しやすい感情と表現しにくい感情

さまざまな感情を最も素直に表現できるのは、実は赤ちゃんです。私たちの誰もが、この世に生まれたときは、自分の感情をとても素直に表現してきました。しかし、年齢を重ねていくうちに、いつの間にか自分の中で、「表現してよい感情」と「表現してはいけない感情」を区別するようになり、そのうち「表現しやすい感情（表現できる感情）」と「表現しにくい感情（表現できない感情）」ができあがってきます。

たとえば、一般的に男性は、さみしい、悲しいといった感情を表現するのは苦手ですが、怒りは比較的容易に表現します。一方で女性は、男性よりも怒りを表現するのは苦手ですが、人前で泣いたりさみしさや悲しさを表現することには、さほど抵抗は感じないでしょう。もっとも、このような男女の違いは、世代によってかなり違いもあり、若い世代になればなるほど、男性と女性の感情表現の違いは小さくなっているように思われます。

いずれにせよ、このような感情表現の傾向は、幼いときからの親のしつけや学校教育、文化、マスメディアなどの影響によって、知らず知らずのうちに身につけてきます。そして、少なからぬ人が、感情表現がうまくできないことに悩まされたり、自分の感情表現の問題には気づかずにパートナーとの関係に悩まされることになります。したがって、自分が表現しにくい、あるいは表現できない感情は何か、それによってアサーティブな自己表現が妨げられていないか、一度ふり返ってみることが大切でしょう。また、表現しやすい感情や表現できている感情も、それがアサーティブな表現になっているか、それとも攻撃的になったり非主張的になったりしていないか、チェックしてみることも必要でしょう。

## 4　自分のさまざまな感情を感じ、認め、表現できることと、パートナーとの関係

自分自身が感じるさまざまな感情をありのまま認めることは、自分の心を自由にすることでもあり、アサーティブな自己表現につながりますが、実はそれは、パートナーの感情をどの程度理解でき、適切に対応できるかにも大きな影響を与えます。

たとえば、ふだんから楽しさやうれしさという自分の感情は表現できるけれども、さみしさや悲しさを感じることに抵抗が強く、表現することを避けがちな人は、パートナーの楽しさやうれしさにはうまく対応できるかもしれませんが、パートナーがさみしさや悲しさを感じていてもそれに気づきにくかったり、気づいたとしてもどのように対応してよいかわからず、明るく楽しく振る舞ってごまかそうとするかもしれません。それによって、パートナーはより孤独感を強めるかもしれません。あるいは、自分の怒りを受けとめられない人は、パートナーが仮に正当な怒り

を感じていたとしても、「そんなふうに怒るべきではない」と否定したくなったり、過度に不安を感じてどうしたらよいかわからなくなったりしてしまうかもしれません。

つまり、自分がいろいろな感情をさまざまな程度で感じることができて表現できる範囲において、パートナーの感情を共感的に理解し対応することができるのです。

## 2　怒りとアサーション

さて、感情の中でも最も厄介なのが怒りです。怒りの感情は、理解するのが難しいだけでなく、適切に表現したり受けとめたりするのも容易ではありません。かつて、一般的に日本人は非主張的な傾向が強い人が多いとされ、怒りを表現しないで自分の中にため込む人が多いと考えられてきました。しかし、近年ではそのような傾向はずいぶんと様変わりし、自分の怒りを不適切なかたちで表現してしまう人、そして、怒りをぶつけられて傷つき悩んでいる人が確実に増えています。また、夫婦の関係においては、怒りを不適切に表現するのは、主に夫の問題と考えられてきましたが、最近では、非常に攻撃的なかたちで怒りをぶつける妻も増加しつつあります。

### 1　怒りの本質――怒りの根底にある弱い感情（図9）

すでに述べたように、私たちはもってはならない感情はないのであり、怒りは誰もが経験する感情です。「怒り」というと、とても強い感情を連想してしまうかもしれませんが、とても弱くて小さな怒りから非常に激しい怒りまで幅広くあります。また、さまざまな言葉で表現しうる感情です。「どうも納得できない」という曖昧でかすかな怒りもあるでしょうし、「悔しい」という言葉の中に、自分は大切にされていないという抗議に似た怒りがあるかもしれません。

一般的に、怒りは強い感情だとみなされています。確かに怒りを表現している人は、声が大きかったり、早口だったり、目がつりあがっていたり、身振り手振りが激しかったりして、相手を不安にさせたり傷つけたりするでしょう。

図９　怒りとその根底にある弱い感情

では、人はどのようなときにパートナーに対して怒りを感じるのでしょうか。自分の欠点を指摘された、約束を守ってくれなかった、親の悪口を言われた、自分の努力を認めてくれなかった、嘘をつかれたなどさまざまでしょう。パートナーの言動や状況がどのようなものであれ、怒りを感じているときは、「バカにされた」「大事にされていない」「傷つけられた」「裏切られた」「そんなことをするなんて信じられない」「わかってくれていない」「どうしたらいいかわからない」「こんなはずではなかった」「困った」「追い詰められた」「悲しい」「さみしい」「つらい」「苦しい」といった感情を体験しているときなのです。つまり、怒りの根底には、このようなさまざまな弱い感情があるのです。そして、その弱い感情から自分を守るために、怒りという一見すると強い感情に転換することが瞬時に行われます。したがって、怒りという感情をきちんと理解し適切に対応するためには、その根底にある弱い感情を理解し表現することが大切になります。

## 2　怒りを表現すること・受けとめることの意義

このように、怒りはたいへん厄介な感情なのですが、同時に無視することができない重要な感情でもあります。すでに述べたように、怒りの根底には傷つきや困惑などの弱い感情があるのですが、それはパートナーに対する不満でもあり、パートナーとの関係の中で何かがうまくいっていないことのサインかもしれませんし、パートナーとのつながりを求めるSOSかもしれません。

こうした怒りに対して、多くの人がとりがちな態度は二つあります。一つは、怒りを押し殺してがまんしよう、忘れようとする態度です。しかし、それでは自分の本当の気持ちをパートナーに理解してもらうことは難しいでしょうし、そもそも怒りはがまんするだけでは消えてなくならないものですし、蓄積して大きくなっていく可能性もあります。そして、怒りに対するもう一つのありがちな態度は、とにかくぶつけて発散するというものです。しかし、それでは本当の自分の気持ちは伝わりませんし、パートナーも受けとめきれないでしょう。

怒りを自分の中に押しとどめてしまうのは、自分を犠牲にして大事な何かをパートナーに伝えないことかもしれません。また、単にパートナーに怒りをぶつけるだけでは、必要以上にパートナーを傷つけ、二人の関係を壊してしまうことにもなりかねません。しかし、怒りをアサーティブに表現できたとしたら、パートナーとはより親密な関係が築けるかもしれないのです。

## 3　パートナーの怒りへの対処

### ❶パートナーの感情であることを忘れないこと

パートナーがあなたに対して怒りを表現したとき、多くの人は冷静に対応することに困難を感じるでしょう。しかし、まず大切なことは、その怒りはパートナー自身の感情だということを忘れないことです。きっかけは、パートナーに対するあなたの何らかの言動や働きかけ、あるいはパートナーが置かれている状況かもしれませんが、それによって怒りを感じているのはパートナーです。つまり、パートナーも自分の怒りに対して責任をもつ必要があるということです。

### ❷怒りに感染しない

怒りというのは、非常に影響力がある感情で、ある意味で強力な感染力をもっています。感染のしかたで最も一般的なのは、怒りによる応戦です。パートナーに怒りを向けられると、それに負けまいと強く言い返したり、あるいはパートナーを責めたりします。しかし、それは怒りの連鎖、悪循環に発展してしまい、お互いにただ自分の言いたいことを強く主張して傷つけ合うだけということにもなりかねません。もう一つの感染のしかたは、パートナーの怒りの原因を自分で引き受けてしまうことです。パートナーから怒りを向けられ責められると、パートナーが怒るのは自分に非があるからだと自分自身を責めてしまうのです。

いずれにしても、大事なことはパートナーの怒りに容易に感染しないことです。

### ❸笑ってごまかそうとしない

パートナーの怒りを鎮めようとするとき、笑ってごまかそうとする人も少なくないでしょう。パートナーの怒りがそれですむ程度の軽いものであれば問題ないかもしれませんが、パートナーが怒りによって何かを真剣に伝えようとしているとき、笑ってごまかそうとしたり過度に明るく振る舞ったりしようとすると、場合によっては、パートナーは「まともにとりあおうとしてくれない」「否定された」「バカにされている」と感じるかもしれません。

### ❹聴いて理解しようと努める

怒りの根底には何らかの弱い感情があるわけですが、怒りを表現するということは、裏を返せば何かを伝えたい、わかってほしいという気持ちがあるということです。そのような期待がまったくないのであれば、わざわざ怒りとして表現しないでとっくに諦めているでしょう。したがって、パートナーが怒りを感じているとき、その怒りに耳を傾けて理解しよう、話を聴こうという姿勢を見せることも、役立ちます。これは決して容易なことではありませんが、「この人はこうして怒っているけれども、本当に伝えたいことは何だろう」「怒っているということは、何かその下に弱い感情があるに違いない。それは何だろう」と思いながら話を聴ければ理想的です。

**❺困る・怖い・傷つく・冷静に考えられないということを伝える**

いろいろ述べてきましたが、パートナーの怒りを受けとめ理解することは、恐らく最も難しいことです。そして、不安や恐怖を感じたり、悲しくなったり、傷ついたりすることも起こりえます。そのようなとき、自分のそうした感情を素直に伝えることも必要な場合があります。

「そんなふうに大きな声で言われると、怖くてきちんと話が聴けないから、もう少し声を小さくしてほしい」「自分もどうしたらよいかわからない」「言われたことについて真剣に考えたいと思うから、きちんと話し合いたい」など、困っているということを素直に伝えることも大切です。なぜならば、パートナーは自分の怒りに圧倒されていて、あなたが困っていることは見えにくいからです。

## 4　自分の怒りへの対処

**❶自分自身の感情であることを認め引き受けること**

それでは、自分がパートナーに対して怒りを感じているときは、どのようにしたらよいのでしょうか。まず大切なことは、その怒りが自分自身の感情であることを認め、引き受けることです。怒りを感じるきっかけは、パートナーの言動だったのかもしれませんが、怒りを感じているのは自分自身であり、怒りをどのように扱うかの責任は自分にあるということを引き受けることです。「こんな気持ちにさせたパートナーが悪い」と思うのも無理からぬ場合もありますが、そこにとどまっていては解決の糸口は見つかりません。自分自身の怒りであるからこそ、対処することが可能になるのです。

### ❷怒りの根底にある弱い感情に気づき、それをアサーティブに表現すること

怒りの根底にはさまざまな弱い感情があると述べました。怒りを感じたとき、その根底には、傷つきやショック、悲しみやさみしさなどがあったはずです。そうした弱い感情を、攻撃的ではなくアサーティブに伝えることが重要です。

怒りを攻撃的に表現してしまうとき、私たちはつい「どうして〜したのよ」とか「なんで〜って言うんだ」というように、責めてしまいがちです。しかし、そのようなときにでも、たとえば「私はあなたが〜したことに対して、とても傷ついた」とか、「きみに〜って言われると、すごくバカにされた感じがして悲しい」とか、「あなたの〜に対して、正直いって怒りを感じる」と表現してみたらどうでしょうか。「怒りを感じる」と言葉にして落ち着いて表現することも、アサーティブな感情表現なのです。

### ❸パートナーや結婚生活に対する期待や理想をチェックする――自分の中にある非合理的な思い込みを見直す

もし、パートナーに対して頻繁に怒りを感じたり、その言動に強い怒りや憎しみを感じたりする場合、そのきっかけとなるパートナーの言動や態度を問題にするだけでなく、少し冷静になって、パートナーや結婚生活に対する自分の期待や理想をチェックする必要があるかもしれません。

ＡＢＣ理論（126ページ）を思い出してください。パートナーや結婚生活に対して自分がどのようなことを期待し理想としているかは、ＡＢＣのＢ（Belief　ものの見方や考え方）にあたります。自分としては、「あたりまえ」と思っていることでも、それが過剰な期待や高すぎる理想であったりすれば、非合理的思い込みとなってしまい、パートナーの言動に対して失望したり落胆したりして、その結果として怒りの感情がわいてくることがあります。パートナーに対して、二人の関係に対して、「こうであるはずだ」「こうでなければならない」といった考えをもっていないかどうか、自分の心の中をふり返ってみることも必要かもしれません。

そして、この過剰な期待や高すぎる理想は、テレビ、映画、インターネットなどのメディアによって植えつけられていたり、友人によって強化されていたり、幼い頃からの親との関係に影響を受けたりしています。たとえば、多くのメディアは、結婚生活や夫婦関係の現実について、さまざまな側面から多角的にとらえることよりも、表面的一面的にとらえるほうが得意です。そのため、明るく楽しい側面のみを強調したり、健康な夫婦が直面する葛藤や問題をとりあげなかったりします。しかし、多くの視聴者は、メディアから流れてくることを素直に信じてしまうので、結婚生活はいつも明るく楽しいはずだと思い込んでしまいがちです。

また、非常に大きな影響を及ぼす可能性があるのが、幼い頃からの親との関係です。親に対する怒りや憎しみや恨みを十分乗り越えられていない人の中には、親に対する感情をパートナーに置き換えてしまい、パートナーに対して怒りを感じやすいという事態が起こってしまうことがあります。まるで、親との葛藤をパートナーとの間で繰り返しているようにすら見えることもあります。一方、親や親の夫婦関係を理想化し続けている人の中には、無意識のうらに親とパートナーを比較し、パートナーが親のように自分を守ってくれない、甘えさせてくれない、頼りにならない、優しくないなどの不満や怒りを感じることにつながっている場合もあります。このように、親に対する強い否定的な感情であれ、肯定的な理想化であれ、子どもの頃の心理状態に強く影響されたままでいると、パートナーに対して怒りを感じやすくなるでしょう。

### ❹怒りをためないために

怒りは、表現しないでがまんしていれば自然に消えてなくなるものではありません。むしろ、次第に蓄積されていって、爆発するほど大きなものになってしまうこともあります。そのようにならないためには、時にパートナーに対するぐちを誰かに聴いてもらうことが必要になるかもしれません。

ただし、これには注意が必要です。ぐちの聞き手が、いつもあなたに同情したり味方をしたりして、パートナーがすべて悪いとか別れたほうがいいというようなアドバイスを安易にするような場合、「自分は正しい。パートナーが間違っている」という思いがいっそう強くなり、かえってパートナーとの関係が悪化することがあります。したがって、あなたのぐちにきちんと耳を傾けてくれるけれども、時に中立的にも聴いてくれる人が望ましいでしょう。その意味では、実家の親にぐちの聞き役になってもらうことは、必ずしもよい結果をもたらすわけではありません。また、友人であっても異性の場合は、ぐちを聞いてもらい優しくされたり慰めたりしてもらえることがきっかけとなって、浮気という問題に発展することも起こりかねません。

## 3　非言語的な表現をアサーティブにする

さて、コミュニケーションにおいて大変重要なことの一つに、非言語的な要素があります。非言語的な要素とは、声の大きさ、話すスピード、表情、視線、姿勢などです。私たちは、パートナーとの関係の中で、何を話すか、何を伝えるかという内容について思いをめぐらすことには慣れていますが、どのように伝えるかについては、あまり注意を払っていないかもしれません。しかし、言葉の内容がパートナーにどのように実際に伝わるのかは、非言語的な要素が非常に大きく影響されます。たとえ同じ言葉を使っていても、非言語的な要素が違えば、アサーティブにもなりうるし、非主張的にも攻撃的にもなり得ます。

たとえば、パートナーが何かに悩んでいて、最近ため息をつくことが多くなっている様子なので「どうしたの？　何かあったの？」と尋ねるとしましょう。パートナーの目を見てはっきりとこのように言えたら、アサーティブな表現だといえるでしょう。しかし、おそるおそる小さな声で目を背けながら言ったとしたら、非主張的だといえるでしょうし、イライラして大きな声で腕組みしながら言ったとしたら、攻撃的だといえるでしょう。つまり、何を伝えるかだけでなく、どのように伝えるかも考慮することで、私たちの自己表現はよりアサーティブなものになるのです。

ふだんからパートナーに対して非主張的な傾向が強い人は、いつもよりも少しだけ声を大きめにして話してみる、パートナーの目を見ながら話してみる、「あの～」とか「その～」といった余計な言葉を入れないで話してみる、などのちょっとした工夫をしてみるとよいでしょう。一方、ふだんからパートナーに対して攻撃的な傾向が強い人は、少しだけ声を小さく抑えて話してみる、話すスピードを少しだけゆっくりにしてみる、話したいことを次々と出さないでパートナーが話すのを待つ、眉間にしわを寄せないようにする、腕組みをしたり後ろにふんぞり返ったりしないようにする、などの工夫が必要かもしれません。

# おわりに――お互いに認め合い支え合える夫婦関係をめざして

本書では、アサーションとカップル・セラピーの観点から、夫婦関係について考えてきました。たとえ愛し合って結婚したとしても、そもそも他人だった二人が結婚し、生活をともにし、何十年にもわたって関係を続けていくということは、容易なことではありません。また、時代や社会の変化とともに、夫婦関係に対する人々の価値観も大きく変化してきました。

かつては、「夫は仕事、妻は家事と子育て」がわが国のスタンダードだったかもしれませんし、今でもそう考える人は少なくありません。一方で、最近では「夫も妻も、ともに仕事も子育ても協力して」という考え方が普及しており、共働きこそ夫婦のあるべき姿と考える専門家もいます。

一方、アサーションの観点からいえる夫婦の望ましいかたちとは、妻が専業主婦か共働きかということよりも、夫と妻がお互いを認め合い支え合うことができ、自分たちの関係に納得できているかどうかが重要です。妻が家事と子育ての一切を引き受けて夫は仕事に専念するという関係でも、妻が専業主婦で夫は主に仕事をして休日に子育てにかかわるという関係でも、夫と妻が対等に働いて収入を得て家事も子育ても分担してほぼ対等にこなすという関係でも、妻が主に働いて収入を得て夫は主に家事と子育てをするという関係でもよいのです。どのようなかたちであれ夫婦がお互いにその関係にどのくらい納得し満足できているかが大切ではないでしょうか。

お互いに満足できる関係とは、何らかの型にお互いをあてはめようとするのではなく、二人で模索して関係を構築していかなければならないということでもあります。お互いに自分らしさと相手らしさを大切にし、認め合いながら夫婦としての絆をより確かなものにしていくためには、愛情だけではなく努力も忍耐もスキルも必要です。本書を読まれたみなさんが、自分自身のことが少しわかるようになり、パートナーのことも理解できるようになって、二人の間で起こる葛藤や衝突の背景を理解し、解決するようにアサーションを役立ててくだされば幸いです。

なお、巻末にアサーションと夫婦・家族関係に関する推奨図書をあげました。より深く学びたいと思われる方は御一読ください。また、夫婦・カップルの関係に特化したアリーション・トレーニングを実施している機関は見あたりませんが、巻末に紹介する機関は、わが国のアサーション・トレーニングをリードしてきたところです。ウェブサイトもチェックしてみてください。

最後になりましたが、金子書房編集部の渡部淳子さんには、本書の企画の段階から相談にのっていただき、執筆中にもたくさんのアドバイスをいただきました。渡部さんのお力添えなくしては、本書は完成しなかったといっても過言ではありません。心から感謝いたします。

また、筆者が大学院生のときから、アサーション・トレーニングとカップル・セラピーをご指導いただき、心理臨床家としての成長を見守り続けてくださいました、統合的心理療法研究所所長平木典子先生にあらためまして御礼申しあげます。

引用・参考文献

Belskey, J., & Kelly, J.（1994）. *The transition to parenthood.* Delacorte Press. 安次嶺桂子（訳）『子供を持つと夫婦に何が起こるか』草思社、一九九五年

Bernstein, J.（2003）. *Why can't you read my mind?: Overcoming the 9 toxic thought patterns that get in the way of a loving relationship.* Da Capo Press.

Boszormenyi-Nagy, I., & Krasner, B.R.（1986）. *Between give and take: A clinical guide to contextual therapy.* Brunner/Mazel.

Bowen, M.（1978）. *Family therapy in clinical practice.* Jason Aronson.

Bower, S.A., & Bower, G.H.（2004）. *Asserting yourself: A practical guide for positive change. Updated edition.* Da Capo Press.

Carter, B., & McGoldrick, M. (Eds.)（1999）. *The expanded family life cycle : Individual, family and social perspectives. Third Edition.* Allyn and Bacon.

Ellis, A., & Harper, R.A.（1975）. *A new guide to rational living.* Prentice-Hall, Inc. New Jersey. 國分康孝・伊藤順康（訳）『論理療法——自己説得のサイコセラピイ』川島書店、一九八一年

Framo, J.L.（1992）. *Family-of-origin therapy: An intergenerational approach.* Brunner/Mazel.

Gottman, J.M., & Silver, N.（1999）. *Seven principles for making marriage work.* Crown publishers, Inc. 松浦秀明（訳）『愛する二人別れる二人——結婚生活を成功させる七つの原則』第三文明社、二〇〇〇年

平木典子『自己カウンセリングとアサーションのすすめ』金子書房、二〇〇〇年
平木典子『改訂版　アサーション・トレーニング――さわやかな〈自己表現〉のために』日本・精神技術研究所（発行）・金子書房（発売）、二〇〇九年
平木典子『アサーションの心――自分も相手も大切にするコミュニケーション』朝日新聞出版、二〇一五年
Lerner, H.G.（1989）. *The dance of intimacy*. Harper & Row. 中釜洋子（訳）『親密さのダンス』誠信書房、一九九四年
Middelberg, C.V.（2001）. Projective identification in common couple dances. *Journal of Marital and Family Therapy*, **27**(3), 341-352.
中釜洋子『家族のための心理援助』金剛出版、二〇〇八年
中釜洋子・野末武義・布柴靖枝・無藤清子『家族心理学――家族システムの発達と臨床的援助』有斐閣ブックス、二〇〇八年
野末武義「個人療法と家族療法の統合――個人療法の中で家族療法の理論と技法を生かす」『カウンセリング研究』（第36巻316－325頁）、二〇〇三年
野末武義「夫婦間葛藤をめぐる悪循環――自己分化とジェンダーの観点から」柏木惠子・平木典子（編著）『日本の夫婦――パートナーとやっていく幸せと葛藤』（101－122頁）金子書房、二〇一四年
岡堂哲雄『家族心理学講義』金子書房、一九九一年
岡堂哲雄『家族カウンセリング』金子書房、二〇〇〇年
Weeks, G.R., & Treat, S.（2001）. *Couples in treatment: Techniques and approaches for effective practice. 2nd Edition*. Brunner/ Routledge.

もっと学びたい人のために

### ◆アサーションに関する推奨図書

平木典子『自己カウンセリングとアサーションのすすめ』金子書房、二〇〇〇年

平木典子（編著）『アサーション・トレーニング――自分も相手も大切にする自己表現』至文堂、二〇〇八年

平木典子『改訂版　アサーション・トレーニング――さわやかな〈自己表現〉のために』日本・精神技術研究所（発行）・金子書房（発売）、二〇〇九年

平木典子・野末武義『大切な人ともっとうまくいく「気持ちの伝え方」』三笠書房、二〇一三年

平木典子・沢崎達夫・土沼雅子（編著）『カウンセラーのためのアサーション』金子書房、二〇〇二年

平木典子・沢崎達夫・野末聖香（編著）『ナースのためのアサーション』金子書房、二〇〇二年

平木典子＋アサーション研究グループ『「ほめ言葉」ブック――いいことがいっぱい起きる』大和出版、二〇〇八年

森川早苗『深く聴くための本――アサーション・トレーニング』日本・精神技術研究所（発行）・金子書房（発売）、二〇一〇年

野末武義（編著）・平木典子（監修）『気持ちが伝わるコミュニケーション――アサーション・トレーニング３（家庭編）』汐文社、二〇一四年

園田雅代・中釜洋子・沢崎俊之（編著）『教師のためのアサーション』金子書房、二〇〇二年

◆カップル・セラピーと家族心理学に関する推奨図書

団士郎『家族の練習問題』ホンブロック、二〇〇六年
平木典子・中釜洋子『家族の心理――家族への理解を深めるために』サイエンス社、二〇〇六年
柏木惠子・平木典子（編著）『日本の夫婦――パートナーとやっていく幸せと葛藤』金子書房、二〇一四年
中釜洋子・野末武義・布柴靖枝・無藤清子『家族心理学――家族システムの発達と臨床的援助』有斐閣ブックス、二〇〇八年

◆アサーション・トレーニングを実施している機関

日本・精神技術研究所　http://www.nsgk.co.jp/
えなヒューマンサポート　http://www.ena-support.jp/

著　者

**野末武義**（のずえ たけよし）

明治学院大学心理学部心理学科教授。

IPI統合的心理療法研究所所長（2016年1月より）。

1964年静岡県生まれ。立教大学文学部心理学科卒業。国際基督教大学大学院教育学研究科博士前期課程修了。立教大学学生相談所、錦糸町クボタクリニック、国立精神神経センター精神保健研究所などを経て現職。家族心理士、臨床心理士、公認心理師、アサーション・トレーニング認定トレーナー、一般社団法人日本家族心理学会元理事長。専門は、家族心理学、カップル・セラピー、家族療法、アサーション・トレーニング。

主な著書に『日本の夫婦』（共著、金子書房）、『家族心理学』（共著、有斐閣ブックス）、『アサーション・トレーニング（3）家庭編』（編著、汐文社）、『大切な人ともっとうまくいく「気持ちの伝え方」』（共著、三笠書房）などがある。

夫婦・カップルのためのアサーション
自分もパートナーも大切にする自己表現

2015年 8 月31日　初版第1刷発行　　　検印省略
2025年 4 月10日　初版第22刷発行

著　者　野末武義
発行者　金子紀子
発行所　株式会社　金子書房
〒112-0012 東京都文京区大塚3-3-7
TEL03-3941-0111／FAX03-3941-0163
振替 00180-9-103376
URL　https://www.kanekoshobo.co.jp

印刷／藤原印刷株式会社
製本／有限会社井上製本所

ISBN978-4-7608-3261-3　C3011　　Printed in Japan